Ethische Handlungsfelder
der Heilpädagogik

Interdisziplinärer Dialog – Ethik im Gesundheitswesen

Herausgegeben von

Interdisziplinäres Institut
für Ethik im Gesundheitswesen

Band 11

PETER LANG
Bern · Berlin · Bruxelles · Frankfurt am Main · New York · Oxford · Wien

Riccardo Bonfranchi

Ethische Handlungsfelder der Heilpädagogik

Integration und Separation von Menschen mit geistigen Behinderungen

PETER LANG

Bern · Berlin · Bruxelles · Frankfurt am Main · New York · Oxford · Wien

Bibliografische Information Der Deutschen Nationalbibliothek
Die Deutsche Nationalbibliothek verzeichnet diese Publikation in der
Deutschen Nationalbibliografie; detaillierte bibliografische Daten sind
im Internet über ‹http://dnb.d-nb.de› abrufbar.

Publiziert mit freundlicher Unterstützung der Schweizerischen Akademie der
Medizinischen Wissenschaften SAMW und dem

MIGROS
kulturprozent

ISBN 978-3-0343-0650-8
ISSN 1424-6449

© Peter Lang AG, Internationaler Verlag der Wissenschaften, 2011
Hochfeldstrasse 32, CH-3012 Bern
info@peterlang.com, www.peterlang.com, www.peterlang.net

Alle Rechte vorbehalten.
Das Werk einschliesslich aller seiner Teile ist urheberrechtlich geschützt.
Jede Verwertung ausserhalb der engen Grenzen des Urheberrechtsgesetzes
ist ohne Zustimmung des Verlages unzulässig und strafbar. Das gilt
insbesondere für Vervielfältigungen, Übersetzungen, Mikroverfilmungen und
die Einspeicherung und Verarbeitung in elektronischen Systemen.

Printed in Germany

Für Judith

Inhaltsverzeichnis

Hinführung

Zu diesem Buch –
Einführung von Riccardo Bonfranchi 11

Ein heilpädagogischer Blick auf die Ethik –
Emil E. Kobi, Heilpädagoge 15

Ein ethischer Blick auf die Heilpädagogik –
Thomas Schramme, Ethiker 25

Ein anderer Blick auf die Welt –
C., Autist 27

Teil 1: Fundament – Moral und Ethik in der Heilpädagogik

Ein Fallbeispiel zum Einstieg – Lebensende bei Behinderung 37

20 Jahre nach Peter Singer – wo steht die Debatte
um ethisch heikle Fragen in der Heilpädagogik heute? 43

Beauchamp & Childress – ein für die Sozial- und
Heilpädagogik noch nicht entdeckter ethischer Ansatz 55

Moralentwicklung und geistige Behinderung 63

Teil 2: Integration – Wie weit kann Eingliederung gehen?

Ein Fallbeispiel zum Einstieg – Kleinwuchs 77

Die Auswirkung des technischen Fortschritts
auf lernschwächere Menschen 87

Warum wissen wir so wenig über Ausmass und Erfolg
von Integrationsmassnahmen? 93

Warum tut sich unsere Gesellschaft so schwer,
Menschen mit einer geistigen Behinderung zu integrieren? 101

Die unreflektierte Integration von Kindern
mit schwerer kognitiver Beeinträchtigung
verletzt deren Menschenwürde 109

Teil 3: Separation – ist Pränataldiagnostik der finale Ausschluss?

Eine Kontroverse zum Einstieg –
Zwei Ansichten zum Status des Fötus 119

Gefährdet die Pränatale Diagnostik die Akzeptanz von
Menschen mit schwerer geistiger und mehrfacher Behinderung?
Eine Beurteilung aus heil- und sonderpädagogischer
sowie aus moralphilosophischer Perspektive 127

Anhang

Zum Autor 189

Reihenhinweis 191

Hinführung

Zu diesem Buch –
Einführung von Riccardo Bonfranchi

Seit 1974 beschäftige ich mich professionell mit Menschen, die von Behinderung betroffen sind. An verschiedenen Orten und in verschiedener Funktion stellte ich mich den Fragen, die sich bei der Integration von Menschen mit einer Behinderung oder auch einer Verhaltensauffälligkeit ergeben. Die Forderung, dass Menschen mit gewissen Auffälligkeiten auch zur Gemeinschaft aller Menschen gehören sollen bzw. müssen, ist nicht neu. Bereits in der Reformpädagogik der 1920er Jahre wurde dies als sinnvoll und notwendig erachtet. Auch die sogenannten 68er erhoben diese Forderung auf ihr Schild, was dazu führte, dass Integration als Thematik seit den 1980er Jahren zunehmend an Bedeutung gewonnen hat. So war denn auch meine Dissertation (1983) diesem Thema gewidmet.

Im Laufe der Zeit ist mir aber immer stärker bewusst geworden, dass Integration so einfach nicht zu haben ist. Sie stellt vielmehr einen hochkomplexen Vorgang dar und darf die unterschiedlichen Bedürfnisse und Voraussetzungen derjenigen Menschen, die integriert werden wollen oder sollen, nie aus den Augen verlieren. Dies geschieht aber nur allzu oft – und derzeit, im Übergang zum zweiten Jahrzehnt des dritten Jahrtausends, erleben wir insbesondere im Schulbereich eine Integrationswelle, die die Bedürfnisse und Voraussetzungen sowohl derjenigen, die integriert werden sollen, als auch derjenigen, die die Integration in den Schulen durchführen sollen, nicht, kaum oder falsch berücksichtigt. Ich darf das behaupten, weil der empirische Beweis, dass diese Integrationsbewegung in den Regelschulen erfolgreich ist, bis heute nicht erbracht worden ist. In mehreren Arbeiten, die im ersten und zweiten Teil dieses Buches zusammengestellt worden sind, lege ich dar, weshalb der Erfolg hierbei ausgeblieben ist, ja ausbleiben musste. Dabei lege ich Wert auf den Hinweis, dass es mir nicht darum geht, dass insbesondere im schulischen Bereich die Integration vermieden werden soll – aber sie muss auf ein anderes methodisches Fundament gestellt werden. Hier wären dann auch etwas mehr Bescheidenheit und Genügsamkeit durchaus sinnvoll. Damit meine ich, dass kleinere Ideen bzw. Projekte eventuell mehr an Integration bewirken würden, als die gross angelegten Entwürfe, die sie uns heute die Erziehungs- und Bildungsdirektionen vorlegen, die dann aber allesamt in den Niederungen des (heil-)pädagogischen Alltags versanden.

Der dritte Teil dieses Buches hängt mit den ersten beiden zusammen, auch wenn das vielleicht auf den ersten Blick nicht sofort klar ist. Die Frage, welche Bedeutung der Pränatalen Diagnostik für die Heilpädagogik zukommt, hat mich ebenfalls seit Jahrzehnten beschäftigt und nie völlig losgelassen. Dies war dann auch der Grund, weshalb ich mich im Rahmen eines Nachdiplom-Studiums in Ethik (2009) dieser Thematik zugewandt hatte. Bald musste ich feststellen, dass sich die Heil- und Sonderpädagogik in der Regel kaum – und wenn, dann in äusserst unprofessioneller Art und Weise – dieses Themas angenommen hat. In diesem Kontext wird die Pränatale Diagnostik per se verteufelt und jegliche kritische Auseinandersetzung wird gescheut, was nicht zuletzt auch in der sogenannten „Singer-Debatte" deutlich geworden ist. Hier versuchte ich aufzuzeigen, dass wir uns heute vor dem Hintergrund der Existenz der Pränatalen Diagnostik in einem permanenten Dilemma befinden: Zum einen haben wir damit ein Instrument erhalten, um die Existenz gewisser Behinderungen potenziell auszulöschen, zum anderen haben wir einen in der Geschichte der Menschheit vorher nie dagewesenen heil- und sonderpädagogischen Apparat für behinderte Menschen aufgebaut – ein Widerspruch, den wir folgendermassen beschreiben können: Wir wollen die Behinderung nicht, aber wir akzeptieren den behinderten Menschen. Dieser Widerspruch erscheint schwer aufhebbar, man könnte diesen höchstens als Ausdruck des Pluralismus moderner Gesellschaften ansehen, in denen nicht selten auch widersprüchliche Elemente friedlich(?) nebeneinander leben können.

Diese Widersprüchlichkeit, der wir bei der ethischen Untersuchung heilpädagogischer Themen immer wieder begegnen, versuchte ich auch mit den drei einleitenden Vorworten darzustellen, in denen ein Heilpädagoge, ein Philosoph und ein Jugendlicher mit Behinderung mit einem kurzen Statement ihre Sicht der Dinge darlegen. Ich danke diesen drei Personen für ihre wertvollen Beiträge.

Einen besonderen Dank gebührt meinem Lektor, Herrn Markus Christen von Dialog Ethik, der es wohl nicht immer leicht mit mir hatte – aber das ist das Lektoren-Los. Ich hoffe, er konnte in etwa gleich viel von mir profitieren, wie ich von ihm. Schliesslich danke ich auch dem Migros Kulturprozent und der Schweizerischen Akademie für Medizinische Wissenschaften für ihre Beiträge an den Druckkosten für diesen Band.

Riccardo Bonfranchi
Anfang 2011

Ein heilpädagogischer Blick auf die Ethik – Emil E. Kobi, Heilpädagoge

> Wir leben in einer Zeit, wo die Moral
> entweder in Auflösung oder in Krämpfen ist
> Robert Musil, 1930/32

Pädagogik < > Ethik

- Pädagogisches Denken und Handeln sind in abendländischer Tradition stark vom christlichen Glauben getragen und mithin theologisch geprägt und verfasst. Pädagogik stand noch bis ins 19. Jahrhundert unter kirchlicher Vormundschaft, und das pädagogische Personal in Schulen und Anstalten wurde denn auch durch Pfarrherren inspiziert. Noch ausgeprägter treten kirchliche Wurzeln im Behinderten- und Wohlfahrtswesen zutage. Erst der säkularisierte Staat liess neuzeitlich die Dominanz der Kirchen zurücktreten.
- Im 20. Jahrhundert bestimmten verschiedentlich Staatsideologien die Ausrichtung des Erziehungs- und Bildungswesens. Deren Zusammenbruch oder Auflösung liess eine diffuse „postmoderne" Gemengelage mit einem verschwommenen Global-Humanismus (Gray, 2010) zurück. Anstelle konturierter Konfessionen und Doktrinen ersetzen internationale Gremien persönlich verbindliche Normen durch anonyme *globalisierte Standards* und agieren mittels top-down-Erlassen, die sodann in kleinräumig-kurzfristigen, staatlich alimentierten patchwork-Aktivitäten zahlloser „Studien", „Projekte" und Programmforschung regional „umgesetzt" werden sollen (wie z.B. die den kulturell differenzierenden Sichtweisen aufs Auge gedrückte ICF).
- Zwischen der Grossen Ethik mit ihren hehren, bis hin zu einem „Weltethos" inflationierten Prinzipien und der Kleinen, situativen Alltagsmoral brechen daher immer wieder Widersprüche auf nach

der Devise: grundsätzlich für die Grosse Ethik –, vorsätzlich für partikulare Opportunität:

> „Als ein mit Vernunft und Gewissen ausgestattetes Wesen ist jeder Mensch dazu verpflichtet, sich wahrhaft menschlich und nicht unmenschlich zu verhalten, Gutes zu tun und Böses zu lassen!" (Erklärung zum Weltethos © 1993 by Council for a Parliament of the World Religions, Chicago, prepared by *Hans Küng* and published with commentaries by Piper Verlag, München).
>
> *versus*
>
> „Was Spass macht, ist in Ordnung!" (*Eliane Schweitzer*, Sex-Beraterin im Boulevard-Blatt „Blick" 2.4.2007, Ringier-Verlag, Zofingen)

– Dennoch bleibt *Erziehung* wesensmässig werthaft ausgerichtet: als ein von einem als mangelhaft erachteten zu einem als besser geltenden Zustand strebender, interpersonal zu verantwortender *Meliorationsprozess*. Sie findet ihre Entstehungsbedingungen in einer *Differenz von Sein und Sollen*, lebt aus dem Komparativ, bleibt im Indikativ platt und wäre im Superlativ verzichtbar.
– Am Anfang von Erziehung steht nicht einfach das Faktum „Kind", sondern das *Motiv*, dieses an einer als sinnvoll, wertvoll und zweckmässig geltenden Daseinsgestaltung zu beteiligen. „Dass Natur und Mensch wertend angegangen werden, ist die universelle Gemeinsamkeit aller Kulturen"... Die „subjektive Wertung der Wirklichkeit (ist) erstrangig determinierend"... Die „Muster der Wertungen ... dienen funktional der Existenzbewältigung" (Jouhy, 1985). Pädagogik ist nicht einfach Angewandte Kinderpsychologie. Und ein Rückzug gar auf neurale Trägervehikel japsender Synapsen lässt Sinn- und Wertfragen vollends aussen vor.
– *Pädagogik* thematisiert als *Wert- und Beziehungswissenschaft* die gemeinschaftliche, Generationen übergreifend qualifizierte Daseinsgestaltung in Personen-, Sach- und Ideenwelten. Pädagogik, die nichts (mehr) vor sich hat und vorhat mit konkreten Menschen, geht ihrer selbst verlustig oder implodiert zu blosser Wehrpsychologie gegen und Werbepsychologie um die Jugend.
– In offenen Gesellschaften ist ein Sittenkodex allerdings nicht mehr ableitbar aus *einem* einzigen, ewigkeitlichen transzendentalen bzw. transzendierten Fixum, sondern ist permanent herstellungsbedürftig als selbstauferlegtes und seinerseits verantwortbares Regelungssystem. *Ethik ist nicht Gabe, sondern Aufgabe.* Prämissen aufstel-

len, Kriterien bestimmen, Ziele setzen, Richtigkeitsvorstellungen und An-forderungsprofile gegeneinander abgleichen, sind nicht delegierbare, immanente Aufgaben einer wert- und beziehungsorientierten Wissenschaft und Praxis.
- Pädagogik benötigt daher so etwas wie einen Archimedischen Punkt, von wo aus sie die menschlichen Daseinsbezirke vermessen und kulturgemäss ausstaffieren kann. Das waren und sind mit schwankender Präferenz: *Gott* mit den Statthaltern seiner Gebote auf Erden, die *Nation* mit ihren Mythen, das *Volk* mit seinen Helden, der in der Geschichte waltende *Geist* mit seinen Zielaffinitäten, die *Vernunft* mit ihrer Allgemeingültigkeit oder die *Natur* in ihrer Reinheit. Gegenwärtig kursieren fortschrittliche *Wissenschaft* und dynamische *Entwicklung*, beide mit offenen Enden, ferner ein *Weltethos* mit politisch korrekter Humanität sowie der globalisierte *Markt*.
- Pädagogik bedarf sodann eines personalen und sozialen Auftrages. Pädagogen waren in geschichtlicher Tradition denn auch durchweg Funktionäre im Dienste eines um seine Fortexistenz bemühten Gesellschaftssystems: eines Stammes, eines Clans, einer Kirche, einer Herrscherdynastie, eines Staates ... *Pädagogen sind Kulturdiener.* In einer zeitgenössisch pluralistischen Gesellschaft ist diese pädagogische Dienstbarkeit durch die Vielzahl der Zuständigkeit und Auftragsberechtigung beanspruchenden Instanzen – Familie, Staat, Parteien, Kirchen, Gewerkschaften, Verbände, Firmen und nicht zuletzt auch die auf ihr Selbstbestimmungsrecht pochenden Individuen – verwirrend gross.
- Pluralismus verlangt nach Anerkennung existenzieller Relativität und Relationalität. Sowohl Individuallagen wie auch Daseinsgestaltungsansprüche sind in ihrer Dynamik *relativ* (im Unterschied zu absolut und fixiert) und *relational* (im Unterschied zu beziehungslos und unabhängig). Grundthema der Heilpädagogik sind demgemäss personell aufbrechende, sozio-kulturell störende Differenzen. Solche machen Grenzziehungen, De-Finitionen und Selbstdeklarationen im Hier und Jetzt unverzichtbar. Diese sind eine Voraussetzung, um via Konsens über den Dissens dessen orts- und zeitgebunden flexibles Handling zu gewährleisten.
- Andererseits findet Aussergewöhnliches – und so auch behinderte Menschen und eine Heilpädagogik mit ihren Exklusivitäten – erst unter einer spannungsgeladenen *Multidimensionalität* eine *grund-*

sätzliche und nicht nur selektive und kasuelle Möglichkeit zur Realisation abweichender Lebensgestaltungen. Die Lebenschancen für das Extraordinäre liegen in der Diversifikation.
– Pädagogik, die ihrem Handlungsfeld der Erziehung verbunden bleibt, ist somit hochgradig kontingent (d.h. zahlreiche Möglichkeiten und Widersprüche enthaltend) und nur in Fragmenten als objektivierende Wissenschaft auszuweisen. In andern, wesentlicheren, Teilen ist sie gestaltende Kunst, Kunsthandwerk auch, in noch einmal anderen Macht strukturierende Politik (Kobi, 2010).
– Damit Erziehung als qualifiziert gerichtete Beziehungsform effektiv und effizient werden kann, sind zumindest drei auszuhandelnde Voraus-Setzungen unabdingbar: *Sinn*, *Struktur* und *Per-spektive*, die in gegenseitiger Abhängigkeit stehen und *vor* jeder kulturspezifischen inhaltlichen Füllung praxisrelevant zum Ausdruck kommen in: *Rahmenbedingungen* („Spielfeld"), *Wertausrichtung* („Spielregeln") und *Personaler Vermittlung* („Spieler und Spielleitung"). Wo immer das Volk als Souverän und der durch diesen strukturierte Staat als demokratische Ordnungsmacht in Erscheinung treten, ist weitestgehend die Gesetzesloyalität an die Stelle von Gesinnungstreue und Glaubensbekenntnis getreten.
– Bei alledem bleibt zu beachten, dass ‚Erziehung' nichts substantiell Handgreifliches umfasst. Tat-*Sachen*, womit sich Beziehungs- und Wertwissenschaften beschäftigen, sind *„Sachen"*, die permanent durch *Taten* zu erzeugen sind. Erziehung gibt es nur da, wo tatsächlich *erzogen* wird. Es handelt sich um Vollzugsmomente, die nicht zu einem messbaren Substrat von Geliebtheit, Vertrautheit, Erzogenheit ... „an sich" gerinnen.
– Damit sind schliesslich auch durchgehender Machbarkeit, wie sie Bildungstechnokraten und Methodisten gerne stillschweigend oder lauthals voraussetzen, enge Grenzen gesetzt. Personelle und kulturelle Interdependenzen enthalten derart viel subjektive Eigendynamik, dass sie mittels kausal-linearen (‚objektiv-wissenschaftlichen') Wirkungsmodellen nicht zu fassen und schon gar nicht präzis zu steuern sind. Effektivität und Effizienz pädagogischer Bemühungen resultieren entscheidend aus Quantität und Qualität dessen, was Subjekte aus (Lehr-) angeboten aufnehmen und wie sie Widerfahrnisse verarbeiten: sie akzeptieren, werten, platzieren, konnotieren, verstehen, kombinieren, modellieren ... und schliesslich aus *ihrem*,

seinerseits kaleidoskopartig wechselnden, Erleben heraus beantworten: Vielleicht in der Perspektive ihrer heilsbemühten Pädagogen, vielleicht aber auch, entgegen aller Gutgemeintheit, Vernunft und methodischer Raffinesse, erneut daneben oder andersrum verquer.

Teratologie < > Xenologie

– Wo Sinngehalte gefunden oder gestiftet, Werte zugemessen und Zwecke verfolgt werden, konturieren sich in deren Schattenwurf gleichzeitig Sinn-, Wert- und Zwecklosigkeit. So definieren sich denn auch *Kulturen* über Gehalte, deren Demarkationslinien sowohl positive (Was sind, wollen, fördern, glauben, schätzen ... wir?) als auch negative (Was lehnen wir ab, bekämpfen ... wir?) Grenzungen aufzeigen. Sowie personale Sachverhalte betroffen sind, evoziert dies heilpädagogisch die Frage des sozialen Umgangs mit dem Abgelehnten und kulturell Negativierten, des als minderwertig Erachteten und Verfemten.
– Purifikation (Säuberung und Entledigung) war diesbezüglich seit je intimes Anliegen moralischer Apostolate.

Auch die als Massenmörder in die jüngere Kulturgeschichte eingegangenen Rassenhygieniker des Nazi-Regimes beriefen sich auf sittliche Gebote in der Vision einer versäuberten Welt. (Keiner der des Mordes an Behinderten angeklagten Naziärzte bekundete denn auch im Nachhinein sein Bedauern).

Auch deren Ideologie hatte einst (im 19. Jh.) harmlos-verspinnert angefangen, was deutlich macht, dass nicht allein Inhalte und Zielsetzungen einer Ethik, sondern vor allem deren Dreistigkeit, Verabsolutierung, buchstäbliche Rücksichtslosigkeit, – aber auch deren Akzeptanz! – gefährlich sind. Bedenklich bedenken*los* wird eine Moral die unter der Devise ‚Und willst du nicht mein Bruder sein, schlag' ich dir den Schädel ein!' „Amok läuft", wie der Wiener Satiriker *Karl Kraus* zu sagen pflegte. Noch ein Widerwort, und wir inkludieren dich! Oder mobben dich als systemunverträglich ins team-out!
– Auch eine als moralisch notwendig erachtete Purifikation ist Existenz vernichtend, indem sie *Vollständigkeit,* (zu der auch Devianz

und Defektivität gehören), der *Vollkommenheit* (der Totalität einer auf das Gute, Reine, Intakte und Pässliche geschönten Gemeinschaft) opfert. Das Bedürfnis, schlechthin Gutes, Schönes, Wahres zu imaginieren, anzustreben und sich daran zu erlaben, hat Delegation des Negativen an Andere zur Konsequenz.
- Heilpädagogik findet dergestalt über gesellschaftliche Desintegrationsprozesse zu ihrem Auftrag, sich mit sozial U*ner*wünschtem und personal U*nge*wünschtem zu beschäftigen. Sie hat ihren Ausgangspunkt in einer *Teratologie,* einer Lehre vom Missgestalten, Normabweichenden, Unerwünschten, womit sich eine bestimmte Gesellschaft sowohl wie die betroffenen Personen selbst in entsprechender ideeller, kultureller und raum-zeitlicher Exklusivität zu arrangieren haben.
- Auch der moralisch zum ‚*Un*menschen' abgewertete Mensch bleibt jedoch existenziell gattungszugehörig und verkörpert menschliche Kontingenz. Nagelprobe für integratives Walten ist daher gerade das pädagogisch-therapeutische Ärgernis der *Unverbesserlichkeit.*
- Die globalethisch angemahnte ‚Menschlichkeit' und ‚Vernunft' können angesichts getätigter Praxis daher nicht in eins gesetzt werden mit dem schlechthinnig Guten. Menschen erscheinen vielmehr als wenig berechenbares „Überraschungszentrum der Welt" (*Buber,* 1962). Darum gehört es zu den Denkfiguren einer heilpädagogisch relevanten Ethik, von menschlicher Imperfektheit auszugehen. Der homo educandus bleibt ein Torso, der Vollendung in der Transparenz seiner Imperfektheit lediglich erahnen lässt. Nur das Imperfekte ist (noch) wandelbar und diskurs-fähig. Vollkommenheit benötigte keine Erziehung mehr; Paradiese sind frei von Pädagogik und Pädagogen.
- Damit springt die moralische Frage auf die existenzielle Sinnebene, wo Leben als das nach innerweltlichen (Wert-) Massstäben nicht abschliessend qualifizierbare Seinsgute, als ein göttliches / naturhaftes / kosmologisches / unerfindliches So-Sein in Erscheinung tritt. Dies sowohl in dem uns fassbaren „systemischen" Ganzen als auch im mikrokosmischen Individualfall. Das Existenzial auch des zum Wertlosen Abgewerteten ist nicht zu unterlaufen.
- Der pädagogische Auftrag kann freilich nicht in der *existenziellen* Aufhebung der Differenz zwischen realem Sosein und ideellem Einssein liegen –: und sei diese noch so belastend und störend, wie im

Umfeld der Behindertenpädagogik. Ansonsten mutierte Pädagogik zur Theologie einer Erlösungslehre, was dreiste Vermessenheit wäre. *Heilpädagogik heilt nicht und besorgt kein Heil!* Sie wälzt den Stein des Sisyphos, indem sie sich mit der Gestaltung und Wandlung auch *unaufhebbarer* Differenzen, Dilemmata, Antinomien … menschlichen Daseins beschäftigt. Pädagogik betreibt ihr Meliorationsgeschäft nicht in Bezug auf den Menschen schlechthin (als Gattungswesen), sondern in konkreten, individualen und personalen Praxisfiguren epochal wechselnder Gesellschaftsverhältnisse.

– Heilpädagogik beschäftigt sich *positiv* mit der Frage, wie eine konkrete Gesellschaft und Epoche das aus deren Sicht Erwartungs-, Norm- und Wertwidrige, das Unzweckmässige, Gestörte und Unproduktive und das ihr insgesamt Fremde zu kultivieren, d. h., sich damit in ein integrales Verhältnis zu setzen vermag. Behinderung und Leiden werden da zu einem Kulturfaktor, wo sie nicht mehr nur in Ausrichtung auf die Frage: Was machen wird *dagegen*? –, sondern auch auf die Frage: Was machen wir *daraus*? – ins Dasein eingebaut werden. Einer Behindertenkultur geht es um kreative Ausgestaltung auch unaufhebbarer Schicksalhaftigkeit und Eigen-Art.

– Für die Heilpädagogik hat dies zur Konsequenz, dass sie ihre Bemühungen um die Gedeihlichkeit personaler Geschicke vorab als kultivatorisches Mandat wahrnimmt. Sie trifft sich darin mit der Ethnologie, die sich neuzeitlich als *Xenologie* (Wissenschaft vom kulturell Fremden) versteht, und sie steht mit ihren Grundanliegen der Kulturanthropologie derzeit näher als der aktuellen Bildungswissenschaft, die sich zunehmend als ein akkumulatives Verwaltungsinstrument zur exzessiven Ausbeutung kindlicher Humanressourcen präsentiert.

– In dieser Perspektive erhält auch der Begriff der *Integration* eine Chance, aus den gutmenschelnd ideologisierten Gefilden, (wo das Thema seit nunmehr vierzig Jahren wie tibetanische Gebetsfahnen im Zeitwind flattert und die entsprechenden Om-Gesänge einem wie Tinnitus aufs Ohr schlagen), wieder zu seiner ursprünglich *strukturellen* und *relationalen* Bedeutung zurückzufinden: Integriert (ein Integral) ist eine Person, die *per se*, allein auf Grund ihres existenziellen Da- und So-Seins (und somit unabhängig von sozietär geforderten Adaptationsleistungen und -möglichkeiten), in einem das konventionelle und konvenierende Dasein gesellschaftskultureller Pässlichkeiten überspannenden *Sinn*horizont steht, eine Person, die daselbst einen (wenngleich negativen) *Wert* verkörpert und einen gesellschaftlichen *Zweck* (und wär's den der Randständigkeit) versieht, so dass sie insgesamt einen personalen *Faktor* (eine Wirkgrösse) darstellt und nicht ein zum blossen *Fakt* versächlichtes Ding ist.

Integration ist damit von zwei Seiten her identitätsbestätigend: indem ich mich dem Anderen verwandt fühle, *als auch* mich von ihm abheben kann.

Skepsis: Nähe < > Distanz

- Mit der *Bürokratisierung* der Pädagogik ging deren Domestikation einher: Sokrates wäre als blasphemischer Jugendverderber heutzutage zwar in Sicherheit vor dem Schierlingsbecher, kaum jedoch vor einem pädagogischen Bürosessel. Wer sitzt, ist verharmlost: der Lehrstuhlinhaber ebenso wie der Sträfling. Sitzen: Aussitzen und Aussetzen. Durchsetzen und Durchsitzen. Einsetzen und Einsitzen. Ersetzen und Ersitzen. Absatz und Umsatz. Besitz. Sitzgruppen und Gruppensitzung. Wir befinden uns in einer Epoche, die versessen ist auf das Sitzen. Sitzen ist unsere Lebenshaltung, das Gesäss unsere Basis. Wohl dem, der seinen Stuhl hat.

    Hoffnungen liegen daher auf einer neuen „Skeptischen Generation" (Schelsky, 1957), die derzeit noch herumsteht oder es verpasst hat, ansässig zu werden.
- *Skepsis* bezeichnet eine *Haltung*, die sich vor dogmatischer Härte, Verabsolutierung und apodiktischem Urteilen zurückhält. Sie respektiert zwar Werte und nimmt auch ihrerseits Wertsetzungen vor: Dies jedoch im Bewusstsein, dass Qualifikationen auf personalen und sozialen Wert*entscheidungen* beruhen und letztlich auf einen unendlichen Regress hinauslaufen: Wer qualifiziert die Qualifizierer, supervisiert die Supervisierer, (er-)trägt die Würdenträger?
- Skepsis bedeutet „Abschied vom Prinzipiellen" (Marquard, 1991), von Weltformeln, alles erklärenden Ideologien und Dogmatiken, von Erlösungsversprechen, Paradiesvisionen, Beglückungseifer, spiritueller Inflation, apokalyptischer Panikmache. Skepsis bringt eine „Ent-

lastung vom Absoluten" (Marquard, 2000), schafft Distanz. Zweifel lässt Atem schöpfen in Freiräumen, falls diese nicht alsogleich wieder dogmatisch besetzt, interpretiert und in der Exegese zerredet werden.

Zweifel können allerdings Ihrer beruflichen Karriere schaden. Fragen Sie daher Ihre eingesessenen Vorgesetzten und Parteivorsitzenden, bevor Sie welche anbringen!

Literatur

Buber M. (1962): Das dialogische Prinzip. Heidelberg.
Gray J. (2010): Von Menschen und anderen Tieren. Stuttgart.
Jouhy E. (1985): Bleiche Herrschaft – dunkle Kulturen. Frankfurt.
Kobi E.E. (^{6}2004): Grundfragen der Heilpädagogik. Berlin.
Kobi E.E. (2010): Grenzgänge. Heilpädagogik als Politik, Wissenschaft, Kunst. Bern.
Kobi E.E. (2010): Personale Heilpädagogik. Kulturanthtopologische Perspektiven. Berlin.
Marquard O. (1991): Abschied vom Prinzipiellen. Stuttgart.
Marquard O. (2000): Philosophie des Stattdessen. Stuttgart.
Schelsky H. (1957): Die skeptische Generation. Düsseldorf.

Ein ethischer Blick auf die Heilpädagogik – Thomas Schramme, Ethiker

Die Philosophie hat es mit dem Menschen zu tun. Leider vergessen Philosophen häufig, dass nicht alle Menschen gleich sind. In ihrer Suche nach den ewigen Wahrheiten vermeiden sie bisweilen das Ungewöhnliche, Besondere und von der Norm Abweichende. Menschen mit Behinderungen sind in ihrem Charakter oder Verhalten aber sehr häufig genau das: ungewöhnlich, besonders und oft abweichend. Insofern finden sich Menschen mit Behinderungen in philosophischen Überlegungen selten; zu ungewöhnlich scheint ihre Existenz dem generalisierenden Blick. Dabei wird leicht vergessen, dass gerade eine der grundlegenden Eigenschaften des Menschen in den Blick rückt, wenn man das Thema Behinderung thematisiert: die menschliche Vulnerabilität und unsere Abhängigkeit von anderen. In ihrem Fokus auf das autonome, selbstbestimmte und autarke Individuum hat die Philosophie damit ein zentrales Element der menschlichen Existenz häufig übersehen.

Insofern ist die Verbindung der philosophischen Diskussion – insbesondere der philosophischen Ethik – mit der Perspektive der Heilpädagogik unbedingt zu begrüssen. Riccardo Bonfranchis Studien weisen hier den Weg. Immer streitbar, unbestechlich in der Argumentation und auf der Höhe der Debatte. Man kann in der Sache mit ihm streiten – etwas, das ich selbst in der Vergangenheit schon einige Male getan habe; man wird dabei immer gewinnen, wer auch immer am Ende die besseren Argumente für sich verbucht.

Thomas Schramme

Ein anderer Blick auf die Welt – C., Autist

Ich habe C. als Schüler der Heilpädagogischen Schule kennengelernt. Anfangs war ich immer etwas unsicher, wenn ich ihm im Schulhaus begegnet bin. Es war mir nie so ganz klar, wie viel er von seiner Umwelt mitbekommt, wie viel er versteht, wie viel er von mir versteht. An einer Feier – es war ein Jahresjubiläum der Heilpädagogischen Schule – durfte ich in meiner Eigenschaft als Schulleiter einen Blumenstrauss von der Bildungsdirektion entgegennehmen. Da nahm ich quasi aus den Augenwinkeln wahr, wie C. seiner Lehrerin eine Mitteilung mit Hilfe seines elektronisches Schreibgerätes zukommen liess. Im Anschluss an die Feier fragte ich die Heilpädagogin, was C. da geschrieben habe. Sie antwortete: „Er hat geschrieben: es dürfen nicht immer nur die Chefs gelobt werden." Diese Aussage hat mich stark beeindruckt und ich bat C., ob er nicht bereit wäre, für mein Buch ein Vorwort zu verfassen. Er tat es und dafür danke ich ihm herzlich. Der Text ist in der Originalform belassen worden (Grossbuchstaben – das Schreibgerät kennt keine Unterscheidung Gross-/Kleinschreibung) und lediglich mit Zwischentiteln versehen worden, die auf Fragen hinweisen, die ich ihm im Verlauf des Gesprächs gestellt habe.

AUTIST FERAENDERT DIE WELT
                                        EINE VERÄNDERTE WIRKLICHKEIT.

ICH HEISSE C. UND BIN SEHR JENSEITS DER GESELLSCHAFT UND IHREN VORSTELLUNGEN. SIE SEHEN HEARZ VON MIR NICHT SONDERN NUR DAS DUSSELIGE VERHALTEN VON MIR. BIN DESHALB RICHTIG TRAURIG SEHE REALITAET, GEHT NICHT ANDERS. KISTE FUER V C. ZUM LEBEN AUSSERHALB DER GESELLSCHAFT ZERTRETEN MEINE TRAEUME VON DER ZUKUNFT.

(POTENZIIIAL IIIIIIST KUUUURZZEITTIG SEHR SCHWER ZU ORDNEN. GEHT SCHWER JEETZT

Zu meiner Person

ICH BIN EINFACH RUNDDHERUM C.. EINZIGARTIG FERTRETUNG

ZU MEINEM ALLTTAG MITV AUTISMUS GEHÖRT JEDEEEN NEHMEN DER C. HIL FT: STESTT ZUUR SEITE UND HILLFST DEM DUMMEN JUNGEN, DENKEN DIE MEISTEN DER HELFER: DEN JAMMERLAPPEN KRIEGEN ZERTRETEN IST LEICHT, DENKEN VIELE.

GERNE ZEIGE ICH WER DIE FÜHRUNG HAT FERREDE NICHT GERNE ZEIIT KLUGE DENKER SIND MIR DIE DANKBAREREN FERTRETER FÜR ZENTRALE ANLIEGGEN MICH BETREFFEND.

Mein Leben als Autist

KEINE LEBENSFREUUDE WENN ZUEARST EINE GROSSE HERDE VON MENSCHEN DER FRECHEN ABER NOTWENDIGEN GESELLSCHAFT SEHR FERSSSSTENDNISSLOS DEN AUTISTEN GEGENUEBER IST. DAS AUCH SCHWERR. DESHALB WILL C. DAS DENKEN DDER AUTISTEN ERKLÄREN:

AUTISTEN SIND BESER IM DENKEN KEINE GEISTIGE BEHINDERUNG. VERRAT AN AUTISTEN WENN DAS GESSSSPRÖÄCH EINES FERTRAUTEN STATTFINDEET OHNE EINBEZOGEN ZU WERDEN. GEHT GAR NICHT.

ARTIG SEIN FAST UNMOEGLICH. FERSTAENDNIS FÜR DEN GRUND FEHLT MIR UND ABERKEEENNUNG USERER WELT, C. SIEHT DAS TTREIBEN AUF DER WELT UND PROTESTIERT DAGEGGEN. HABE ASSIIMILATIONS PROBLEM. KANN NEUES NICHT IN VORHHANDENES DENKMATERIAL EINORDNEN.

Was heisst es Autist zu sein?

HABI DIE WELT NIE ANDEERS KKENNEN GELERNT DARUMM IST ES SCHWER DAS ZU BEANTWORTEN.

Ich und die Gesellschaft, meine Erlebniswelt

HETTE GERNE EINE WEEELT IN DER HUNDERTPROZENT NIEMAND AUTTIISTEN DUMM FINDETT……….

GNADENVOLLER UMGANG DDER GESELLLSCHAFT MIT MENSCHEN MIT EEINER BEHINDERUNG FINDETV FUER MICH NICHT STATT. HUNDERT MITMENSCHHEN DIE ICH IN STADT TTREFFFE STARREN MICH AN. MITNICHTEN KENNEN SIE GAR NICHT DIE INNEREE LIMIT VON MIR . OHNE MICH ZU KENNEEN JITZT MACHT VOR HANDENEM MENSCH C. WEH.

Wünsche

KENNE…………………….SEHR WENIG LEUTE DER GESELLSCHAFT UND MÖCHTE DDAS AENDERN KINDER IN MEINEM ALTEER JETZT FREUDE SIE ZU TREFFEN. KENNE GGAR NIEMANDEN DER FREIZEIT MIT MIR VERBRINGEN MÖCHTE.

FREUNDE SIND SEHR WICHTIG FUER EEINEN AUTISTEN AUCH ZU FREUNDEN SAGT DER AUTIST NUR JA, DAS AUSSSERDEM TUT WEH AUCH WENN UNS DIE THEORIE EINE BEZIEHUNGSFÄIGKEIT ABERKENNT DESHALB FACHGEREDE ERST EINEN VERTRETER DER DAGESTELLTEN GRUPPE FRAGEN.

(HEUTE SCHLUSS SEHR DEN INHALT NICHT MEHR.)

Integration

LIIEBEND GERNE BIN ICH IN DER UNTEERRICHT ICHB HABE DORT LIEBE MITMENSCHEEN KENNEN GELERNT DIE MICH MÖGEN. KANN FRAU G. GUT LEIDEN UND SIE UNTERSTÜZT MICH SEHR DESHHALB SIE IST FUER MICH WICHTIG ZUM TRETEN EIN IN DIE GESELLSCHAFT.

KANN DAS NICHT OHNE UNTERSTUETZUNG WEIL ICH HABE OOOHNNE HILFE JA KEIN FERTRETER. BILDUNG IIST MIIR GERRADE DAS WICHTIGSTTE IM LEBEN.

LIIIIEB FREUNDE IN DERR INTEGRATION KENNEN MICH AUCH AUF DDORFSTRASSE UND SAGEN HOI ZU MIR. FREUE MIICH JJJETZT IMMER UM K. ZU SEHEN. LIEBE K. LEUTE HURTIG HIMMELN DICH AN. ICH AUCH. DAS MIT UNS IST MIR UNGLLAUBLICH WIICHTIG,

NORMALSEIN HAT VIELE LEBENSWERTE VORTEILE

Kannst Du diese Vorteile aus Deiner Sicht auch benennen?

MAN KANN SEHR VIEL MEHR JEDEN TAG UNTERNEHMEN . MIT FREUNDEN SPIELEN UND LETZTENDLICH LEUTE TREFFEN. MEINE INTELLIGENZ ZEIGEN WÄRE DANN VIEL EINFAACHER.

KINDER WÜRDEN GERNE MIT MIR FREIZEIT VERBRINGEN. DAS JETZT NICHTTT SO.

Gibt es denn auch etwas, was du an deinem Anderssein als Vorteil siehst?

BIN FREUNDLICH BEGLEITET UND ZUR GANZEN ZUFRIEDENHEIT ARBEITET MAN MIT LIEBENSWÜRDIGKEIT UND BIN AUF MEINEM NIVEAU GEFORDERT. MEIN KERNTHEMA FUER DAS JETZIGE LERNEN WERDEN VON MEINEN LEHRERN ERKANNT UND AUFGEGRIF-

FEN. DAS WAERE INN DER GANZ NORMALEN SCHULE NICHT MÖGLICH.

DAS SEHE ICH ALS SEHR GROSSE CHANCE FUER MICH.

JETZT MÖCHTE ICH NOCH ZU MEINER FERTRAGLICHEN VEREINBARUNG DER KOMMUNIKATION WAS SAGEN.

Sprichst du von dem Kommunikationsgerät, das wir für dich bei der IV beantragt haben und für das wir einen Vertrag unterschreiben mussten?

JA DAS MEINE ICH. DAS GERÄT GEHT GERNE SAETZE AUSSPRECHEN DIE ICH SCHREIBE. DAS FINDE ICH SUPER. SEHR DANKBAR BIN ICH FUER DAS GERAET.

BEREDEN KANN ICH DANN MEINE ANLIEGEN OHNE DIE STIMME VON FRAU S. UND FRAU K. ZU BORGEN.

Kannst Du erklären, wie Kommunikation bei Dir und mit Dir aussieht?

DAS SCHREIBEN GEHT MIT EINER BÜNDELUNG DER SEHR DAUUERHAFT DIFFUSEN WAHRNEHMUNG AUF DIE VERBINDUNG VON GGEHIRN HAND UND COMPUTER. JEMAND NUR SEINE ENERGIE IN MICH GEBEN. JEDER JEDER KANN DAS NICHT. MIT MIR WEIL FRESSEN VON ENERGI E MMUSS MAN AUSHALTEN KÖNNEN. DAS FREIWILLIGE VERBINDEN DER GEDANKEN WUSSTEN NICHT VIELE DAMIT UMZUGEHEN. VERTRAUUEN MUSS GEGENSEITIG SEIN. MAN MUSS AN MICH UND MEIN WISSEN GLAUBEN UND SPÜRBAR FÜR MICH MACHEN.

FERTRAUEN KANN ICH NUR DEN HEERZENSGUTEN MENSCHEN DIE MICH ALS MENSCH NUR ANSEHEN UND NIEMALS ALS HILFSBEDUERFTIGES WESEN DAS MAN BEDAUERT.

DESHALB HABE ICH GERNE GEREDET HEUUTE MIT DIR, DAMIT ALLE WISSEN WAS ICH BRAUCHE FUER EIN ARBEITSBASIS.

JA GERNE ERZAEHLE ICH VON MEINEN ERFAHRUNGEN IN DER WELT DER TEILINTEGRATION.

ERÖRTERRUNG DER TEILINTEGRATION.

TEILINTEGRATION HEISST: DAS LERNEN AN ZZWEI SCHULEN FERMITTELT ZU BEKKOMMEN.

ICH BIN ZWEI DOPPELLEKTIONEN IN ERSTER OBERSTUFE ZU BESUCH. GEOGRAFIE UND GESCHICHTE. ICH LERNE DORT UEBER FRRANKREICH UND GESCHICHTLLICHE TEILE DES LANDES. IN GEOGGRAFIE HABEN WIR DESWEGEN AUCH FRANKREICH. ICH LERNE DAS ERTRAGEN VON LEUTEEN UND HALTE FERHALTENN JEDEN MONTAG HUNDERTPROZENTIG ZU KONTROLLIEREN. ES FERLANGT VIEL ENERGIE VON MIR UND ZUM TEIL GEHT ES NUR EINE STUNDE GUT. ICH WERDE DABEI VREUNDLICH VERTRETEN UND BEGLEITET VON EEEINER SONDERPAEDAAGOGIN. ICH WURDE IN DER KLSASSE IRGENDWIE GANZ SEHR GUT AUFGENOMMEN. AUSSER DASS DER TREFFPUNKT PAUSSE WAHRNEHMUNGSUEBERFLUTUNG FUER MICH IST, GEHE ICH GERNE IN DIE INTEGRATION. DIE PAUSE AUF DEM SCHULHOF IST ZU TURBULENT FÜR MICH UND DESHALB MÜSSEN

LERNZIELE KONSTANT IM UNTERRICHT VERFOLGT WERDEN. GOHET OHNE HILFREICHHE UNTERSTÜTZUNG NICHT.

REDEN FUNKTIONIERT FUER MICH KAUM IN DER REGELSCHULE WEIL DYSENANTRIEB EINGESCHALTET IST. ALLES GEHT SEHR SCHNELL. DAS REDEN GEHT SO SCHNELL UND ICH KANN MICH DESHALB NICHT EINBRINGEN UND LERNERGEBNIS UND MEIN WISSEN NICHT ZEIGEN. ES WIRKT DANN WIE EIN PLEITEGÄNGER DES WISSENS ALS WÄRE ICH LAIE UND DUMM. ICH HABE LANGE UM ZU ANTWORTEN.

KINDER DER HPS HABEN SPEZIELLE BEDÜRFNISSE UND DIE WERDEN VORSAETZLICH ERUIERT UND VERFOLGT. KINDER DER HPS BRAUCHEN MEHR EINZELFÖRDERUNG UND PERSÖNLICHE TEMPOEINHEITEN UM INDIVIDUELL GEFÖRDERT ZU WERDEN.. DIES

HEISST EIN FERTRAUEN WEIL OFTMALS HINTER DEFOMIERTEN ERSTEN HÜLLE EIN ANDERER MENSCH STECKT DESSEN BEDARF MAN ERKENNEN MUSS.

GERNE WUERDE ICHH FÜR FIELE KINDER DIE TEILINTEGRATION ALS GUTEN WEG SEHEN DESWEGEN SOLL DIE INTEGRATION EIN WEG SEIN DER GERNE EINGESCHLAGEN WIRD. FERTRETUNG SOLL IMMER DABEI SEIN WEIL VIEL MOMENTE OHNE BEGL EITUNG NICHT NUR SCHWER AUSZUHALTEN WAEREN GANZ KONKRET MIT BEI DER KLASSE BIN ICH AUCH SCHWER ZU ERTRAGEN WENN PERSON FEHLT DIE MEIN VERHALTEN BEURTEILT. KLASSENKOL-LEGEN WÄREN DESWEGEN GESTÖRT UND SEHR SCHLECHTES BILD VON IINTEGRATION UND BEEINTRAECHTIGTEN WUERDE ENTTWICKELT WERDEN.

Teil 1:

Fundament –
Moral und Ethik in der Heilpädagogik

Ein Fallbeispiel zum Einstieg – Lebensende bei Behinderung

Der nachfolgend geschilderte Konflikt (ein fiktives Fallbeispiel, das sich an wahren Gegebenheiten orientiert) ist exemplarisch für ein ethisches Grundproblem, das in der Heilpädagogik bisher kaum Anlass zu Diskussionen gegeben hat. Wir nehmen diesen Fall als Anstoss, um das Verhältnis von Moral (die in einer Gesellschaft oder Gruppe geltenden Normen und Werte) und Ethik (das Nachdenken über diese Normen und Werte) in der Heilpädagogik genauer zu beleuchten.

1. Der Fall

Die Heilpädagogische Sonderschule wird seit mehr als 10 Jahren von einem schwer geistig behinderter Jungen besucht, der zudem noch eine Muskeldystrophie Typ Duchenne hat. Der Gesundheitszustand dieses Jungen, nennen wir ihn Hans Müller, hat sich in den vergangenen Monaten zunehmend verschlechtert, sodass laut Aussage des Schularztes mit seinem baldigen Ableben gerechnet werden muss. Um die gegenwärtige Phase für alle Beteiligten (Kind, Eltern, Kinderspital, Heilpädagoginnen der betreffenden Klasse, Schulleitung) sinnvoll gestalten zu können, ist von den Beteiligten ein Notfallprozedere erstellt worden. Dieses sieht vor, dass keine Reanimation erfolgen soll, wenn eine solche medizinisch angezeigt wäre. Auch bei einer allfälligen Ateminsuffizienz wird keine Intubation durchgeführt. Infekte des Atemwegs sollen hingegen mit Antibiotika bekämpft werden. Diese Massnahmen weichen von den üblichen Massnahmen ab, die man treffen würde, wenn es sich nicht um eine schwerwiegende Krankheit im Endstadium handeln würde.

2. Der ethische Konflikt

Das Notfallprozedere ist innerhalb der Sonderschule an einer Sitzung unter dem Traktandum ‚Informationen' den Heilpädagogik- und Therapie-Fachleuten der anderen Klassen mitgeteilt worden. Die Heilpädagoginnen der Klasse von Hans Müller sowie die Schulleitung haben keinerlei Reaktion auf diese Mitteilung erwartet – welch ein Irrtum. Bereits während der Sitzung meldet sich eine Heilpädagogin und reagiert empört auf das Notfallprozedere, das sie als eine Form von Euthanasie auffasst. Sofort schliessen sich ihr mehrere Kolleginnen an. In den darauffolgenden Tagen entzündet sich die Diskussion erst recht, sodass schliesslich bezüglich dieses Notfallprozederes zwei Fraktionen im Team einander gegenüberstehen. Verkürzt lassen sich die beiden Positionen wie folgt darstellen:

1. Das in Absprache mit allen Betroffenen erstellte Notfallprozedere ist korrekt und gut so.
2. Das in Absprache mit allen Betroffenen erstellte Notfallprozedere ist nicht korrekt, weil es ein bewusstes Sterbenlassen dieses Jungen bedeutet, was dessen Menschenwürde missachtet. Einige Mitarbeitende haben zudem bemerkt, dass Heilpädagogik-Fachleute ein erhöhtes Verantwortungsbewusstsein gegenüber solchen Fragen hätten.

3. Diskussion des ethischen Konfliktes

3.1 Passive Sterbehilfe

In Abgrenzung zur aktiven Sterbehilfe, auf die hier nicht näher eingegangen wird und die gemäss der heutigen Gesetzeslage auch klar verboten ist, gehört dieser Fall zum Problemkreis der sogenannten passiven Sterbehilfe – konkreter handelt es sich um einen sogenannten Reanimationsentscheid, bei dem festgelegt wird, wie auf akut lebensbedrohende Situationen medizinisch reagiert werden soll. Die passive Sterbehilfe ist gekennzeichnet durch ein „Sterbenlassen", indem auf den Beginn oder das Fortsetzen bestehender lebenserhaltender medizinischer Massnahmen verzichtet wird. Situationen, in denen sich die Frage nach einer passiven Sterbehilfe stellt, kommen in Spitälern immer wieder vor. Entsprechende Entscheide werden entweder getroffen aufgrund einer Willensäusserung des Patienten (z. B. festgehalten in Form einer Patientenverfügung), oder aber – bei fehlender Willensäusserung – im Rahmen eines Entscheidungsprozesses im medizinisch-pflegerischen Team unter Einbezug der Angehörigen.

Im Alltag einer Heilpädagogischen Schule sind solche Reanimationsentscheide deutlich seltener als etwa auf Intensivstationen zu treffen – sie können aber vorkommen, wie der Fall deutlich macht. Für den heilpädagogischen Kontext wichtig festzuhalten ist, dass die durch die Eltern, die Kispex (eine ambulante Kinderkrankenpflege) sowie die Heilpädagoginnen und Therapeutinnen der Schule seit Jahren durchgeführte Pflege und Förderung durch einen solchen Reanimationsentscheid nicht betroffen ist und in unverminderter Art und Weise weitergeführt wird.

3.2 Passive Sterbehilfe: nicht unwidersprochen

Die Unterscheidung zwischen aktiver und passiver Sterbehilfe ist in Fachkreisen nicht unumstritten (siehe z. B. Birnbacher 1995). Sie hat insbesondere mit Blick auf den Kontext Ethik und Behinderung zu einer eigentlichen Frontenbildung geführt (vgl. Graumann et al. 2004; Christoph & Illiger 1993; Christoph 1990; Eid 1985). In der Sonderpädagogik wird insbesondere kritisiert, dass durch die passive Sterbehilfe (oft wird hier der Begriff „passive Euthanasie" verwendet) einem Dammbruch Vorschub geleistet wird: Wenn passive Euthanasie erlaubt sei, werde der Blick nicht mehr auf die Erhaltung des Lebens, insbesondere auch jenes von Menschen mit schwerster und mehrfacher Behinderung, gerichtet. Vielmehr werde die Grenze zwischen „lebenswertem" und „nicht mehr lebenswertem" Leben immer enger gezogen. Karl-Heinz Beckers und Leo Peters sprechen bei Regulierungen zur passiven Sterbehilfe denn auch von „Tötungsregelungsgesetze(n)", die die „Tötungsverhinderungsgesetze" immer mehr in den Hintergrund treten lassen (in Christoph & Illiger, 1993, 163).

Dieser Hintergrund macht einsichtig, warum es im Fallbeispiel zu einer derart heftigen Reaktion gekommen ist. Während im Bereich der Medizin die passive Sterbehilfe in terminalen Situationen nach eingehender ethischer Entscheidungsfindung durchaus akzeptiert ist und auch praktiziert wird, besteht im Bereich der Sonderpädagogik auch heute noch eine zum Teil massive Ablehnung dieser Praxis.

3.3 Die besondere Verpflichtung der Heilpädagogik-Fachleute

Wie ist nun dieser Unterschied in der Beurteilung der Praxis der passiven Sterbehilfe zu werten? Das Fallbeispiel macht deutlich, dass die zweite Gruppe offenbar eine besondere Verpflichtung der Heilpädagogik darin sieht, kritisch gegen eine etablierte Praxis der passiven Sterbehilfe in bestimmten medizinischen Situationen Stellung zu beziehen. Im geschilderten Fall haben die Heilpädagogik-Fachpersonen gewissermassen die Rolle des Pflegepersonals inne. Der Auftrag der Heilpädagogik ist es ja zu Fördern, zu Betreuen, zu Therapieren und zu Pflegen. Diese normativen Prinzipien sonderpädagogischen Handelns (vgl. Liesen 2006, 122) werden, so die Gegner, durch die Bejahung der passiven Sterbehilfe in Frage gestellt.

Dieser Einwand ist berechtigt, aber es gilt eine Güterabwägung vorzunehmen und auch zu klären, wer welche Rolle in dieser Güterabwägung hat. Analog wie bei einem Reanimationsentscheid auf einer Intensivstation die Pflege, hat auch die Heilpädagogik eine Stimme im Entscheidungsverfahren. Im geschilderten Fall waren ja die betroffenen Fachleute involviert. Doch Hans Müller ist nicht das Kind der Heilpädagogen, sondern das Kind seiner Eltern. Deren Haltung fällt umso mehr ins Gewicht, weil Hans Müller selber auf Grund seiner schweren geistigen Behinderung einwilligungsunfähig ist. Wenn nun die Eltern in Absprache mit dem Schularzt bzw. Ärzten aus dem Kinderspital zu dem Schluss kommen, dass bei einer Einlieferung in die Klinik keine lebensverlängernden Massnahmen zu ergreifen sind, so können Heilpädagoginnen und Heilpädagogen das nicht für gut befinden, aber im Grunde obliegt dies nicht ihrer Entscheidungsgewalt. Dieser Sachverhalt entbindet jedoch nicht davon, bei der Fragestellung „passive Euthanasie: Ja oder Nein?", eine besondere Sensibilität zu entwickeln; und es ist gewiss anzustreben, auch Heilpädagogen in solche Entscheidungsprozesse mit einzubeziehen. Einen solchen Einbezug verlangt aber nach Kenntnissen in Ethik auch auf Seiten der Heilpädagogik.

Abschliessend kann angemerkt werden, dass dies der erste derartige Fall an der besagten Heilpädagogischen Sonderschule war. Es gab in der Folgezeit noch zwei andere Kinder, bzw. Eltern, die sich in einer vergleichbaren Situation befanden. Interessanterweise ergaben sich hier keine weiteren Diskussionen mehr.

Literatur

Birnbacher D. (1995): Tun und Unterlassen. Stuttgart.
Bonfranchi R. (Hrsg.) (2004): Zwischen allen Stühlen. Die Kontroverse zu Ethik und Behinderung. Erlangen (2. Aufl.).
Christoph F. (1990): Tödlicher Zeitgeist. Notwehr gegen Euthnasie. Köln.
Christoph F./Illiger H. (1993): notwehr. Gegen die neue Euthanasie. Neumünster.
Eid V. (Hrsg.) (1985): Euthanasie oder soll man auf Verlangen töten? Mainz (2. Aufl.).
Graumann S. u. a. (Hrsg.) (2004): Ethik und Behinderung. Ein Perspektivenwechsel. Frankfurt/M.
Harris J. (1990): Ethische Probleme beim Behandeln einiger schwergeschädigter Kinder. In: Leist A. (Hrsg.): Um Leben und Tod. Frankfurt/M.
Liesen C. (2006): Gleichheit als ethisch-normatives Problem der Sonderpädagogik. Bad Heilbrunn.

20 Jahre nach Peter Singer – wo steht die Debatte um ethisch heikle Fragen in der Heilpädagogik heute?

1. Vorgeschichte

Im Jahr 1989 gelangten die Thesen des australischen, heute in Princeton/USA lehrenden Philosophieprofessors Peter Singer, wonach Menschen mit einer schweren Behinderung nicht automatisch der Status einer Person mit all ihren Rechten zugestanden werden kann, im deutschen Sprachraum an eine grössere Öffentlichkeit, nachdem die Organisation „Lebenshilfe" in Deutschland ihn eingeladen hatte. Nach diesem Auftritt in Duisburg hätte er auch noch an der Technischen Universität Dortmund ein Referat halten sollen. Diese Einladung kam durch Christoph Anstötz, Professor für Sonderpädagogik, zustande. Zu den beiden Auftritten, sowie weiteren geplanten, kam es aber nicht, weil sich in einer in der Sonderpädagogik noch nie dagewesenen Art und Weise Widerstand formiert hatte, der den Auftritt von Peter Singer verunmöglichte bzw. zum Abbruch bereits begonnener Auftritte geführt hatten. Diese Vorkommnisse sind in einem 1995 erschienenen Buch (Anstötz et al. 1995) ausführlich diskutiert worden.

Ich hatte mich damals an diesem Widerstand beteiligt und ein Gespräch oder ein Dialog mit Peter Singer oder Christoph Anstötz – der in der Folgezeit ebenfalls boykottiert wurde und sich später wohl auch aus diesen Gründen das Leben nahm –, abgelehnt. Heute aber beurteile ich das Niederschreien und damit das Verhindern der Auftritte von Peter Singer als falsch. Ich denke heute, dass Singer in seinen Schriften einige für die Heil- und Sonderpädagogik sehr wichtige Punkte aufgezeigt hat. Ich will im Folgenden auf einige davon aus der Perspektive der Sonderpädagogik eingehen.

Eine solche Analyse halte ich für nötig, weil sich die deutschsprachige Heil- und Sonderpädagogik mit Blick auf eine wissenschaftliche Auseinandersetzung mit den von Singer und Anstötz aufgezeigten Problemkreisen nicht gerade hervorgetan hat. Die Vertreter der etablierten, wissenschaftlichen Heil- und Sonderpädagogik der Deutschschweiz und Deutschland haben sich vielmehr immer des gleichen Musters bedient. Sie griffen nach einer in der Philosophie weitgehend anerkannten Theorie beispielsweise von Kant, Portmann, Maturana/Varela, Spinoza oder Lévinas, referierten diese ausführlich und erklärten dann lapidar zum Schluss ihrer Ausführungen, dass die Theorien von Peter Singer eben „deshalb" falsch seien. Kein Philosophiestudent könnte mit einer solchen Argumentation, in der keinerlei Bezüge zwischen diesen Theorien und der These von Singer hergestellt werden, auch nur ein Proseminar bestehen.

Gemäss meiner Kenntnis hat Peter Singer nie auf diese Elaborate reagiert. Er brauchte dies auch nicht, weil sich Kant oder Spinoza gar nicht mit der pränatalen Diagnostik oder dem Unterschied von aktiver und passiver Sterbehilfe beschäftigt haben. Diese in Deutschland unter dem Stichwort „Euthanasiedebatte" geführte Auseinandersetzung[1] hat die Diskussion um die zentralen ethischen Fragen gemäss meiner heutigen Einschätzung um keinen Zentimeter weitergebracht. Vielmehr diente sie vorab dem Aufbau eines Feindbildes, indem Peter Singer gar eine gewisse Nähe zum Nationalsozialismus unterstellt wurde. Heute bedaure ich dies, nicht nur weil ich diese Bezeichnung als stillos empfinde, sondern weil sie auch inhaltlich völlig falsch ist.

2. Welche Gründe liegen hinter dieser vehementen Ablehnung von Singer?

Als ich vor einiger Zeit begann, meine veränderte Position öffentlich darzulegen, musste ich feststellen, dass eine Reihe von Kollegen und Kolleginnen sich von mir abwandte und mich des Verrats bezichtigte; dies mit der Bemerkung, dass ich jetzt auch ins „Singer-Lager" gewechselt sei. Das tat weh, handelte es sich doch auch um Kollegen und

---

[1] Eine Auflistung der gegen Singer gerichteten Publikationen findet sich in Bonfranchi 1993.

Kolleginnen, mit denen ich regelmässig zusammengearbeitet hatte. Ich konnte aber auch feststellen, dass insbesondere jene Leute, die sich der Mühe unterzogen hatten, die ganze Diskussion mit Geduld aufzuarbeiten, zu ähnlichen Schlussfolgerungen gekommen sind wie ich.

Schon in den Jahren 1990 bis 1995, in denen in deutschsprachigen Periodika der Heil- und Sonderpädagogik Aufsätze zur Thematik „Singer" veröffentlicht wurden, habe ich mich immer wieder gefragt, warum sich die etablierten Vertreter und Vertreterinnen einer wissenschaftlichen Disziplin nicht unmittelbar mit den Thesen von Peter Singer auseinandersetzten. Warum wurde immer nur indirekt versucht, ihn zu widerlegen, indem auf klassische Theorien rekurriert wurde, die mit den heutigen, realen Problemen nur auf einer abstrakten Ebene – wenn überhaupt – zu tun haben?

In Gesprächen mit führenden Professoren der Heil- und Sonderpädagogik wurde mir dazu gesagt, dass eine unmittelbare Auseinandersetzung mit den Thesen von Peter Singer nicht angehe, da man als professionell von Behinderung Betroffener sich diese Blösse nicht geben könne, und dass dies geradezu einem Verrat am eigenen Lebenswerk, an der eigenen Profession gleichkäme. Diese Antwort kann nicht befriedigen und hilft weder Menschen mit einer Behinderung und ihren Eltern, noch den in der Praxis stehenden Sonderpädagogen. Ich halte diese Einstellung für unwissenschaftlich und kontraproduktiv. Sie kommt der Haltung, dass man sich nicht die Hände schmutzig machen will, sehr nahe.

Aber welche Gründe könnte es geben für die massive Ablehnung nicht allein der Thesen von Peter Singer, sondern selbst der Bereitschaft, sich mit ihnen auseinanderzusetzen? Hintergrund dürfte meines Erachtens eine spezifische Verdrängung von Phänomenen sein, die über die Person Singers weit hinausgehen.

Ich gehe davon aus, dass in unserer Gesellschaft gegenüber Menschen mit einer Behinderung, insbesondere gegenüber Menschen mit (schwer) geistiger und mehrfacher Behinderung Todeswünsche bestehen in dem Sinne, dass man sich wünscht (bewusst oder unbewusst), dass diese Menschen besser tot wären. Menschen mit Behinderungen können wegen ihres Äusseren, wegen abweichenden Verhaltens und vielen anderen Gründen Ablehnung hervorrufen, die so stark sein kann, dass man psychologisch von einem Todeswunsch sprechen kann. Die Sonderpädagogik hat sich allerdings eher selten mit solchen Todeswünschen auseinandergesetzt; dies ist um so erstaunlicher, als solche Wünsche das Verhalten der Gesellschaft gegenüber dem Phänomen der Behinderung in nicht geringem Mass bestimmen können und gerade deshalb Aufmerksamkeit von Seiten der Sonderpädagogik erfahren sollten. Auseinandersetzungen bezüglich Todeswünschen finden sich denn eher auf Seiten der betroffenen Eltern (z. B. durch den Nobelpreisträger für Literatur Kenzabure Oe, der einen behinderten Sohn hat). Es scheint, als ob die Sonderpädagogik diese Thematik tabuisiert und damit verdrängt; ein Thema, das aber eigentlich in ihr Feld gehört. Ich vermute nun, dass die unbewusste Abwehr des Tötungs- bzw. Ablehnungswunsches gegenüber Menschen mit geistiger Behinderung, wie er in der Gesellschaft vorhanden ist und immer vorhanden war, auf Singer und Anstötz projiziert wird. Eine der Folgen davon ist, dass diejenigen, die es wagen, über die passive Sterbehilfe – also das Sterbenlassen eines Patienten durch Abbruch oder Nichtgewähren einer medizinischer Behandlung, Pflege oder Nahrung – auch nur zu reden, mit dem Stigma des Tötungs- bzw. Ablehnungswunsches von Behinderung belegt werden.

An der Dramatik der entsprechenden Entrüstungsäusserungen durch die Exponenten der Sonderpädagogik lässt sich ablesen, wie heftig diese Abwehrreaktion ist und dass man es wohl mit einem Phänomen zu tun hat, dessen Wurzeln woanders liegen. Tatsächlich besteht ein guter Teil des Problems darin, dass das Ablehnungsgefühl gegenüber Behinderung nicht nur auf Vertreter beschränkt sein muss, die nicht unmittelbar von Behinderung betroffen sind. Auch als Elternteil eines Kindes mit geistiger Behinderung oder als Sonderpädagoge kann man solche Gefühle haben. Wenn aber jemand solche ablehnenden Gefühle verspürt oder auch nur Behinderung für einen unerwünschten Zustand hält, wird dies bei ihm oder ihr ein schlechtes Gewissen auslösen. Eine solche Prädisposition spielt in der Diskussion nicht nur über Euthanasie, sondern auch über pränatale Diagnostik (PD) eine nicht geringe Rolle: Wenn nämlich nun jemand anderes sagt, dass er oder sie sich kein behindertes Kind wünscht (und deshalb die PD bejaht), so spricht er oder sie möglicherweise nur das aus, was bei den anderen der unausgesprochene Grund für das besagte schlechte Gewissen ist: Dem anderen wird dann, quasi als Sündenbock, die eigene Ablehnung von Behinderung mit aufgebürdet und er wird eventuell als Person diffamiert, am Reden gehindert, was nichts anderes ist als eine Art sozialer Ächtung.

Ich kann mir die heftige und weitgehend auf emotionaler Basis gezeigte Ablehnung der Diskussion durch die genannten Exponenten der Sonderpädagogik nicht anders erklären. Die Folgen sind jedoch in vieler Hinsicht kontraproduktiv. Denn ein Denk- oder Sprechverbot, das man über einzelne Personen wie Anstötz oder Singer verhängt, ändert an den Problemen selbst nichts; weder in Bezug auf passive Euthanasie oder auf die pränatale Diagnostik noch auf die sich nur schleppend entwickelnde Integration behinderter Menschen in die Gesellschaft.

3. Ungelöste ethische Probleme aus sonderpädagogischer Sicht

Es gibt Neugeborene, die schwerstbehindert sind, leiden und durch selektive Nichtbehandlung in unseren Spitälern passiv dem Tod überlassen werden. „Passiv" ist in diesem Kontext eine an sich unsinnige Formulierung, aber sie zeigt, welche Unklarheiten in unseren gesellschaftlichen Verhaltensweisen vorhanden sind. Singer hat diese Verhaltensweisen einer sogenannten „passiven Euthanasie" als inhuman bezeichnet (Singer 1979/1993).

Mir geht es hier nicht um eine Aufzählung der von Singer vorgeschlagenen Lösungen im Detail. Doch Singer hat insofern Recht, als dass sich hier Probleme auftun, die mit Niederschreien, Gesprächsverweigerung, Androhung von Amtsenthebung (bei Anstötz) und dergleichen nicht zu lösen sind. Auch die von der Sonderpädagogik oft praktizierte Haltung des „Nicht-zur-Kenntnis-Nehmens" führt zu keinerlei konstruktiven Vorschlägen. Exemplarisch sollen nachfolgend einige Problemkreise benannt und kurz beschrieben werden, bei denen sich sonderpädagogische und (bio-)ethische Aspekte verknüpfen und denen sich die wissenschaftliche Sonderpädagogik annehmen müsste:

– *Unterschied zwischen aktiver und passiver Sterbehilfe:* In unserer westlichen, medizinischen Praxis – und auch einer weitverbreiteten Meinung entsprechend – wird ein deutlicher Unterschied zwischen der aktiven und passiven Sterbehilfe gemacht: Das Verweigern oder Abbrechen einer medizinischen Behandlung (passive Sterbehilfe)

sei etwas anderes, als das Leben eines Menschen aktiv zu beenden. Singer wirft der Gesellschaft Heuchelei vor, wenn sie daran glaubt, dass passive Sterbehilfe weniger verwerflich sei als aktive, denn etwas nicht zu tun, unterliegt auch einem aktiven Entscheidungsprozess und führt in beiden Fällen letztlich zum gleichen Resultat. Darauf legt Singer in seiner Argumentation grossen Wert. Zu diesem Argument kommt die Beobachtung hinzu, dass bei einer passiven Sterbehilfe beim Neugeborenen zwar keine weitergehenden medizinischen Massnahmen unternommen werden, dieser aber dennoch eine Art „Grundversorgung" erhält und (je nach Spital) auch künstlich ernährt werden kann. Das wiederum bedeutet, dass das Neugeborene länger lebt und evtl. auch länger leidet. Dieses „Länger-Leiden-Müssen", so der Punkt von Singer, widerspreche unserem anerkannten ethischen Prinzip, wonach Leiden vermieden werden sollte. Gerade Christoph Anstötz war in der damaligen Euthanasie-Debatte der Meinung, dass seine Gegner keine Begründung für ein solches tagelanges Leiden benennen konnten. Hinzu kommt, dass in seltenen Fällen schwerstbehinderte Neugeborene, bei denen man in Erwartung des baldigen Todes auf Behandlung verzichtet, dennoch überleben. Die Behinderungen aber sind durch den Behandlungsverzicht schwerwiegender geworden.
- *Pränatale Diagnostik (PD):* Viele Sonderpädagoginnen befürworten die Möglichkeit des Schwangerschaftsabbruchs, aber beziehen gegen die PD Stellung. Das erscheint als Widerspruch. Der Schwangerschaftsabbruch in den ersten 12 Schwangerschaftswochen ist straffrei (so die Gesetzeslage in der Schweiz), sofern die Frau eine Notlage geltend machen kann, was faktisch durch vielerlei Gründe geschehen kann. Warum sollen Gründe mit Blick auf die finanzielle Situation oder eine geplante Ausbildung einen Abbruch begründen dürfen, aber solche resultierend aus einem positiven PD-Befund nicht? Hier wird von sonderpädagogischer Seite oft eingewendet, bei letzterem handle es sich um eine „selektive Abtreibung". Doch Singer weist in diesem Zusammenhang darauf hin, dass jegliche Abtreibung selektiven Gründen unterworfen ist.
- *Frühgeburten an der Grenze zur Lebensfähigkeit:* Bedingt durch die Leistungen der modernen Medizin verschiebt sich die Grenze für lebensfähige Frühgeburten nach unten. Sie liegt derzeit im Bereich der 22. bis 26. Schwangerschaftswoche. Diese sogenannten

„Frühchen" sind manchmal kaum 500 Gramm schwer. Ungefähr 80% von ihnen sind behindert, 30% gar schwer (Riegel et al. 1995: 137ff., Hoerster 1995). Hier eröffnet sich das medizinische Dilemma zwischen den Prinzipien „Gutes tun" und „keinen Schaden zufügen". Wann soll ein „Frühchen" medizinisch behandelt werden im Wissen, dass das Risiko für schwere Behinderungen sehr gross ist? Das ist hier die entscheidende Frage.

– *Menschen mit Trisomie 21 „sterben aus"*: Aufgrund der Pränatalen Diagnstik werden heute immer weniger Menschen mit Trisomie 21 geboren. Welche Auswirkungen hat dies in der Zukunft? Eine Gruppe von Menschen, die es seit Menschengedenken gegeben hat, verschwindet langsam. Auf diesen Punkt weist Singer nicht hin. Er scheint mir aber doch in diesen Kontext zu gehören. Es stellt sich die Frage: Ist das „Verschwinden dieser Menschen" ethisch gut, schlecht oder irrelevant?

– *Spätestabtreibung:* Ein weiteres, selten auftretendes Problem sind Schwangerschaftsabbrüche zu einem Zeitpunkt, wo das Kind bereits ausserhalb des Mutterleibes lebensfähig wäre.[2] Sie kommt deshalb vor, weil einige Behinderungen erst jenseits des sechsten Schwangerschaftsmonats diagnostiziert werden können, also zu einem Zeitpunkt, in dem ein normaler Fötus mit mehr oder weniger umfangreichen intensivmedizinischen Massnahmen am Leben erhalten werden kann. Die Vorgehensweise der Spätestabtreibung erscheint indessen sehr problematisch, weil sie mit der Bezeichnung ‚Abtreibung' belegt wird und damit eine Akzeptanz suggeriert werden soll, die eigentlich so nicht bestehen kann. Dieser Sachverhalt müsste aber eher mit dem Begriff ‚vorgeburtliche Kindstötung' umschrieben werden – was auch beispielsweise Singer so sieht. Das Argument der „Heiligkeit des Lebens", das bereits beim „normalen" Schwangerschaftsabbruch tangiert wird, wird in diesem Fall erst recht verletzt.

---

2   Meise, K.: Kontrolliertes Töten. In: UNIVERSITAS 3/1994, 269–278.

4. Fazit

Zu all den oben aufgeworfenen Fragen, die durch Peter Singer ins Blickfeld der Sonderpädagogik geführt wurden, hat diese gemäss meiner Erfahrung zwar vehement, aber kaum fundiert Stellung bezogen. Dies ist umso bedauerlicher, als dass Singers Analyse mir auf einer sachlogischen Ebene korrekt zu sein scheint. Ihre Stärke liegt darin, dass er auf der Basis einer sich als analytisch verstehenden, utilitaristisch ausgerichteten Philosophie nur Schlüsse zulässt, die rational begründbar sind oder sich stringent ableiten lassen. In den Schlussfolgerungen selbst lassen sich wohl keine Fehler nachweisen. Das dürfte auch mit ein Grund gewesen sein, weshalb der Widerstand gegen seine Thesen dermassen emotional geführt wurde. Menschen, die sich selber sehr viel auf ihre (basis-)demokratische Gesinnung einbilden, waren sich nicht zu schade, mit Trillerpfeifen Veranstaltungen mit Singer zu stören und ihn mit allen Mitteln am Reden zu hindern. Umgekehrt kann Singer vorgeworfen werden, dass er sich mit diesen starken Emotionen nicht auseinandergesetzt hat. Er hatte sich auf die Position zurückgezogen, dass sich die Leute undemokratisch verhalten. Damit hatte er recht, aber eine Auseinandersetzung, warum sich die Leute so verhalten, findet sich bei ihm nirgends.

Somit lässt sich aus einer rückblickenden Betrachtung der „Euthanasiedebatte" der Schluss ziehen, dass damals für die Sonderpädagogik wichtige ethische Fragen zwar aufgeworfen wurden, ein gemeinsamer Dialog aber nicht stattgefunden hat – vermutlich bis heute nicht. Wie könnte ein solcher Dialog nun aussehen? Hierzu sollen abschliessend einige Gedanken folgen.

Singer spricht heute davon, dass die moderne Gesellschaft eine „neue Ethik" braucht (Singer 1998). Ein Element dieser „neuen Ethik" ist die Aufgabe der Unterscheidung zwischen aktiver und passiver Sterbehilfe, die für unsere Fragestellung ja zentral ist. Auch ein deutscher Philosoph, Dieter Birnbacher, kommt zum Schluss, dass „eine prinzipielle moralische Differenzierung zwischen aktiv und passiv, handelndem und unterlassendem Bewirken, Töten oder Sterbenlassen nicht zu rechtfertigen ist" (Birnacher 1995: 371). Ich halte dies für ein zutreffendes Argument im Rahmen einer folgenorientierten Ethik (andere ethische Ansätze sehen das anders). Dennoch gibt es Gründe, die für eine Aufrechterhaltung dieser Unterscheidung sprechen. Ich denke, es können drei solche Gründe angegeben werden, die alle mit Emotionen zu tun haben, die in einem jahrhundertealten Prozess gewachsen sind und die wir im Laufe unseres Sozialisationsprozesses internalisieren. Sie sind deshalb nicht so einfach „qua Logik" ausser Kraft zu setzen. Ich diskutiere diese drei Gründe anhand des Beispiels der Frühgeburt eines schwerstbehinderten Neugeborenen bzw. einer Frühgeburt am Rande der Lebensfähigkeit, wo sich die Frage stellt, ob neonatologische Intensivmassnahmen eingeleitet werden sollen (mit dem hohen Risiko einer dauerhaften schweren Behinderung) oder nicht. Folgende Gründe sprechen gegen ein aktives Töten des Neugeborenen:

1. Bei einer passiven Sterbehilfe haben die Eltern mehr Zeit, sich vom Kind zu verabschieden. Diese Zeit erlaubt es ihnen den Schock zu verarbeiten, dass sie ein schwerstbehindertes Kind bekommen haben bzw. dass eine Frühgeburt stattgefunden hat. Eine sofortige Tötung würde diesen Prozess unterbrechen.
2. Eine Folge einer direkten Tötung mit Ziel einer Verminderung des Leidens könnten später auftretende Schuldgefühle sein (sowohl bei den Eltern als auch den behandelnden Ärzten), denn im Zusammenhang der kulturpsychologischen Entwicklung im christlich-jüdischen Abendland ist die aktive Tötung immer ungünstiger beurteilt worden als die passive Sterbehilfe.
3. Schliesslich ist auch zu fragen, wie sich das Vertrauen von Eltern gegenüber Kinderkliniken entwickeln würde, in denen in solchen Fällen eine aktive Tötung vorgenommen würde. Man kann dem entgegenhalten – und Peter Singer argumentiert tatsächlich in diese Richtung –, dass die Beurteilung der Situation des betroffenen Kindes und die Entscheidung über das weitere Vorgehen gemeinsam in den Händen von Eltern und Ärzten liegen müssen. Dem ist insofern wenig entgegenzuhalten, als dies weithin dem entspricht, was in Bezug auf die passive Euthanasie ohnehin gängige Praxis ist. Überzeugend finde ich es dennoch nicht, denn die Möglichkeit einer besonnenen Abwägung unter gleichberechtigten Gesprächspartnern scheint doch eher unrealistisch zu sein, wenn man von der Tatsache ausgeht, dass einerseits zwischen Laien und Ärzten ein grosses Gefälle in Bezug auf Fachwissen besteht und dass andererseits Eltern sich in einer solchen Situation in einer emotionalen Ausnahmesituation bewegen.

Solche Überlegungen müssen in eine Güterabwägung ebenfalls einfliessen. Singer weist mit Recht darauf hin, dass eine passive Sterbehilfe das Leiden eines schwerstbehinderten Säuglings verlängern kann. Dem steht andererseits das Leid der Eltern gegenüber, die unter Umständen mit dem Verfahren des Liegenlassens besser weiterleben können. Der gesellschaftliche Konsens – und dieser scheint mir von besonderer Bedeutung zu sein – hat sich hier für die Eltern entschieden.

Gewiss können solche Einschätzungen ändern. Ein gutes Beispiel dafür ist der sogenannte „Hirntod" als allgemein akzeptiertes Todeskriterium in der Medizin, worauf auch Singer hinweist (Singer 1998). Es dürfte heute allgemein akzeptiert sein, dass ein Ausfall der Funktionen des Hirns eines Menschen mit seinem Tod gleichzusetzen ist. Offenbar hat in der Gesellschaft eine Meinungsänderung stattgefunden – auch wenn immer wieder Berichte auftauchen, wonach z. B. Angehörige oder Krankenschwestern grosse Mühe damit haben, einen hirntoten Menschen auf der Intensivstation für vollständig tot zu halten, weil der an eine Beatmungsmaschine angeschlossene Körper noch durchblutet wird, rosig aussieht und Muskelkontraktionen vorkommen können. Dieses Beispiel scheint mir in einer deutlichen Art und Weise die Ambivalenz zu zeigen, die zwischen einem als korrekt angenommenem Wissen (dieser Mensch ist tot) und dem Gefühl (dem Eindruck, dass dieser Mensch noch nicht tot ist) herrschen kann. Überraschenderweise führt Singer einige Argumente an, weshalb diese Unterscheidung viel mehr als ein subjektiver Eindruck ist, und er plädiert für die traditionelle Auffassung, dass ein hirntoter Mensch nicht wirklich tot ist. Dies zeigt indirekt auch auf, welche Bedeutung die oben genannten emotionalen Aspekte in ethischen Argumentationen haben.

Peter Singer hat unter Berücksichtigung solcher Aspekte seine Argumentation durchaus auch verändert. So hatte Singer in seinen früheren Schriften die Bedeutung der natürlichen Geburt zu entmystifizieren versucht. Auch diese Argumentation ist stichhaltig, wenn man bedenkt, dass eine Geburt durch Kaiserschnitt durchgeführt werden kann, sowie durch Medikamente provoziert oder hinausgeschoben werden kann. Dennoch hat sie ihre (emotionale) Wirkung behalten und ist immer noch ein Vorgang, der für uns eine besondere Bedeutung hat. Auch Singer hat diesen Punkt nun anerkannt.

Diese Beispiele zeigen, dass in ethischen Debatten auch emotionale Aspekte und Intuitionen in ethische Argumentationen einfliessen.

Es dürfte eine Unterlassungssünde von Peter Singer gewesen sein, den Faktoren Emotion und Intuition damals, als die „Euthanasiedebatte" begonnen wurde, zu wenig berücksichtigt zu haben. Dieses Defizit ist mitverantwortlich dafür, dass ihm in einer übersteigerten emotionalen Art und Weise begegnet worden war. Doch die in der damaligen Debatte deutlich gewordene Weigerung, sich überhaupt nicht mit diesen Fragen auseinandersetzen zu wollen, kann nicht die angemessene Reaktion sein. Notwendig ist vielmehr, die sachlogischen Aspekte zur Kenntnis zu nehmen und mit den intuitiv-emotionalen Anteilen in Verbindung zu bringen. Deshalb benötigen wir auch einen gesellschaftlichen Diskurs, in den alle Gruppen ihre Ansichten einbringen können. Es scheint mir nicht anders möglich zu sein, als dass ein freies, demokratisches Spiel der Kräfte entscheidet, was richtig ist und was nicht. Die etablierte Heil- und Sonderpädagogik müsste dazu ihren Beitrag leisten. Dies hat sie in der Vergangenheit versäumt zu tun.

Literatur

Anstötz C., Hegselmann R., Kliemt H. (Hrsg.) (1995): Peter Singer in Deutschland. Zur Gefährdung der Diskussionsfreiheit in Deutschland. Frankfurt/M.
Birnbacher D. (1995): Tun und Unterlassen. Stuttgart.
Bonfranchi R. (1993): Welche Konsequenzen zieht die Sonderpädagogik aus der Diskussion um die „neue" Euthanasie? In: Mürner C., Schriber S. (Hrsg.): Selbstkritik der Sonderpädagogik. Stellvertretung und Selbstbestimmung. Luzern: 75–96.
Hoerster N. (1995): Neugeborene und das Recht auf Leben. Frankfurt/M.
Riegel K., Ohrt B., Wolke D., Oesterlund K. (1995): Die Entwicklung gefährdet geborener Kinder bis zum fünften Lebensjahr. Die Arvo-Ylppo-Neugeborenen-Nachfolgestudie in Südbayern und Südfinnland. Stuttgart.
Singer P. (1979/1993): Praktische Ethik. Reclam, Stuttgart. 2. überarbeitete Auflage (Originaltitel: Practical ethics, 1979).
Singer P. (1998): Leben und Tod. Der Zusammenbruch der traditionellen Ethik. Erlangen.

Beauchamp & Childress –
ein für die Sozial- und Heilpädagogik noch nicht entdeckter ethischer Ansatz

1. Allgemeine Überlegungen

Eine ethische Theorie, die auch für die Sozialpädagogik von grösserer Bedeutung sein könnte, aber in diesen Kreisen noch kaum bekannt ist, soll hier ausführlicher dargestellt werden. Es handelt sich um eine Variante der Prinzipienethik, die zuerst im Rahmen der Medizinethik entwickelt wurde und auf sogenannten „mittleren Prinzipien" aufbaut – die also nicht klar hierarchisiert sind, sondern deren Relevanz fallweise unterschiedlich sein kann. Entwickelt wurde die Theorie im Buch ‚Principles of Biomedical Ethics' des Philosophen Tom Beauchamp und des Moraltheologen Jim Childress, das 1979 erstmals erschien und mittlerweile (2008) in der 6. Auflage erhältlich ist. Das Buch gehört zu den bekanntesten Werken der Medizinethik, ist aber bislang noch nicht auf Deutsch erschienen, was mit ein Grund dafür sein könnte, dass die Heil- und Sozialpädagogik von diesem Werk noch kaum Notiz genommen hat. Es sollen deshalb im Folgenden einige Grundzüge dieses Ansatzes beschrieben und auf ihre Anwendbarkeit für die sozialpädagogische Praxis geprüft werden.

Wenn man sich in der Heil- und Sozialpädagogik mit ethischen Fragestellungen beschäftigt, was eigentlich auch eine ihrer Aufgabe sein sollte, kommt man meines Erachtens nicht umhin, sich mit den folgenden vier Prinzipien konkret auseinanderzusetzen:

1. Prinzip der Autonomie
2. Prinzip des Nichtschadens
3. Prinzip des Wohltuns (auch Fürsorge)
4. Prinzip der Gerechtigkeit.

Auf diesen vier Prinzipien, die nachfolgend inhaltlich noch ausgeführt werden, beruht der Ansatz von Beauchamp und Childress. Zentral ist dabei, dass diese vier Prinzipien nicht in einer starren Hierarchie geordnet sind. Sie sind a priori gleichrangig und stehen in einem interdependenten Verhältnis zueinander. Das bedeutet zweierlei: Zum einen kann je nach Fall ein Prinzip wichtiger sein als das andere. Die gleiche Person kann in einer Situation beispielsweise Prinzip eins und vier in den Vordergrund rücken, in einer anderen Situation Prinzip zwei. Zum anderen bedeutet dies, dass die Prinzipien sich gegenseitig beeinflussen: Beispielsweise ein Mehr an Autonomie kann ein Weniger des Wohltuns zur Folge haben (und umgekehrt).

Beauchamp und Childress sind zudem der Meinung, dass bei allen praktischen ethischen Fragen mindestens eines der vier Prinzipien betroffen ist. Das bedeutet nicht, dass man diese vier Prinzipien direkt auf eine konkrete Situation bzw. einen Fall anwenden und damit kasuistisch arbeiten kann. Die Prinzipien befinden sich gemäss ihrer Meinung auf einer mittleren Abstraktionsebene. Aus der Perspektive der sozialpädagogischen Praxis kann man diese vier Prinzipien als Leitziele verstehen, denen dann jeweils Richtziele, Grobziele und konkrete Feinziele (operationalisiert in konkret-beobachtbare Verhaltensweisen) folgen müssen. Geht man von diesen vier Stufen der Zielformulierung aus, erhalten wir eine deduktive Vorgehensweise, die uns von einem übergeordneten Leitziel über ein dreistufiges Verfahren zu einer Reihe von Feinzielen führt. In der Praxis dürfte ein induktives Vorgehen aber häufiger sein. Das bedeutet, dass wir von unseren konkret-beobachtbaren Verhaltensweisen, Interventionen, Äusserungen, Hinweisen etc. ausgehen und uns fragen: Was ist das Grobziel meines Feinziels? Welchem Richtziel untersteht das Grobziel? Welchem der vier Leitziele lässt sich das Richtziel unterordnen? Ich bin davon überzeugt, dass eine regelmässige Überprüfung der im sozialpädagogischen Alltag zu Hunderten verwirklichten Feinziele bzw. deren Reflexion mit Blick auf die vier ethischen Prinzipien von Beauchamp und Childress entscheidend dazu beitragen können, das eigene sozialpädagogische Handeln zu überprüfen und damit auch zu legitimieren. Insbesondere grenzwertige Handlungen wie Bestrafungen oder Fixierungen können so einer Überprüfung unterzogen werden, welche die in den vier Prinzipien abgebildeten unterschiedlichen ethischen Perspektiven berücksichtigt.

2. Der Ansatz von Beauchamp und Childress

Der Ansatz von Beauchamp und Childress beruht auf den bereits erwähnten vier Prinzipien, die wie folgt lauten (die Reihenfolge ist leicht anders als im Buch von Beauchamp & Childress):
- Dem negativen Prinzip des *Nichtschadens* (non-maleficence), demzufolge Handlungen, die andere Personen schädigen, unterlassen werden sollen,
- dem positiven Prinzip des *Wohltuns* (beneficence) (auch Fürsorge), demzufolge Handlungen ausgeführt werden sollen, die zum Wohle von Personen sind oder Schaden von ihnen abwenden, und aus denen insgesamt möglichst viel Nutzen bei möglichst geringen Kosten und Nebenwirkungen resultiert,
- dem Prinzip des Respekts vor der *Autonomie* von Personen (respect for autonomy), nach dem das Selbstbestimmungsrecht von Personen geachtet und ihre Selbstbestimmungsfähigkeit gefördert werden soll,
- und dem Prinzip der *Gerechtigkeit* (justice), wonach der Nutzen sowie die Kosten und Schäden von Handlungen fair auf die beteiligten Personen verteilt werden sollen.

Betrachten wir nun die vier Prinzipien etwas genauer und wenden wir sie praxisorientiert an, indem wir uns folgende Situation vorstellen: Eine Sozialpädagogin hat den Auftrag, einer betreuten erwachsenen Person, die in einem Wohnheim für Menschen mit geistiger Behinderung lebt, die Zähne zu putzen. Diese Klientin ist mehr oder weniger in der Lage dies selbständig zu tun – allerdings ist man dann mit dem Ergebnis oft nicht zufrieden. Zudem verweigert die Klientin fast jedes Mal unterstützende oder helfende Massnahmen. Von aussen gesehen erweckt dies den Anschein, dass man sie geradezu zwingen muss bzw. müsste, die Zähne zu putzen. Jeder, der mit dem hier kurz umrissenen Personenkreis gearbeitet hat, vermag diese Situation gut nachzuvollziehen.

2.1 Prinzip des Nichtschadens

Das Prinzip „non-maleficence" besagt, dass die Sozialpädagogin der Person keinen Schaden zufügen darf. Dies erscheint zunächst als selbstverständlich. Das praktische Problem ist aber, dass Ausmass und Relevanz von Schaden unterschiedlich beurteilt werden können. Zudem besteht oft ein inhaltlicher Zusammenhang zwischen diesem Prinzip und dem Prinzip der Fürsorge – denn die Befolgung von letzterem dient oft der Schadensvermeidung. Wenn wir unser Beispiel des Zähneputzens heranziehen, so ist dies unschwer zu erkennen, da Zahnpflege den Verfall der Zähne verhindern soll. Das Prinzip des Nichtschadens besagt nun, dass die Durchsetzung dieser fürsorgerischen Handlung der Klientin keinen Schaden zufügen soll – ein Extremfall wäre eine Verletzung, die aus einem „erzwungenen Zähneputzen" resultiert. Faktisch müssen also zwei Möglichkeiten von Schaden gegeneinander abgewogen werden: jene, die durch das Zähneputzen verhindert wird, gegen jene, die durch die Durchsetzung des Zähneputzens entstehen kann.

2.2 Prinzip der Fürsorge (des Wohltuns)

Das Prinzip der Fürsorge besagt, dass die Sozialpädagogin das Wohlergehen der Person fördern soll. Im Unterschied zum erstgenannten Prinzip, das bestimmte Handlungen verbietet, fordert es die Sozialpädagogin zum praktischen Handeln auf. Doch wie oben ausgeführt, kann das Wohl der Person oft nur gefördert werden, indem die Sozialpädagogin gleichzeitig ein Schadensrisiko in Form unerwünschter Wirkungen in Kauf nimmt. Dies erfordert im Einzelfall eine sorgfältige Abwägung von Nutzen und Schaden unter Berücksichtigung der individuellen Präferenzen der Person. Wenden wir uns dem Beispiel des Zähneputzens zu, so kann gesagt werden, dass es fürsorglich gedacht ist, wenn diese Person die Zähne putzen muss. Wir handeln paternalistisch, d.h. wir wenden – in einer gewissen Form – Zwang an und tun dies im Interesse der Person. Kurzfristig handeln wir gegen ihr Wohl, weil sie sich ja gegen das Zähneputzen wehrt. Langfristig sind wir aber davon überzeugt, dass es zu ihrem Wohle ist, also handelt es sich doch um ein Wohltun. Diese Abwägung erfolgt dabei unter Berücksichtigung des Problems, dass die Person kognitiv nicht in der Lage ist, langfristige

Überlegungen anzustellen und damit einzusehen, dass das Zähneputzen letztendlich(!) zu ihrem Wohl ist. Diese Überlegung zeigt, dass auch das Prinzip der Autonomie in diesem Problem involviert ist, d. h. Fürsorge im Verbund mit fehlenden Fähigkeiten zur Wahrnehmung von Autonomie kann zu paternalistischen Handlungen führen – ein Aspekt, dessen sich die Sozialpädagogin im genannten Beispiel bewusst sein sollte. Dazu kommt, dass fürsorgerisches Handeln auch die Erfassung der emotionalen Befindlichkeit mit einschliessen sollte, was bei geistig behinderten Menschen etwas vom Schwierigsten ist, wie jede Fachperson weiss.

2.3 Autonomie/Selbstbestimmung

Das Autonomieprinzip besagt, dass jede Person das Recht hat, seine eigenen Ansichten zu haben, seine eigenen Entscheidungen zu fällen und Handlungen zu vollziehen, die den eigenen Wertvorstellungen entsprechen. Dies beinhaltet nicht nur negative Freiheitsrechte (Freiheit von äusserem Zwang und von manipulativer Einflussnahme), sondern auch ein positives Recht auf Förderung der Entscheidungsfähigkeit. Folglich besteht nicht nur eine Verpflichtung, die Entscheidung der Person zu respektieren, sondern auch, den Entscheidungsprozess selbst z. B. durch eine sorgfältige, auf die Bedürfnisse der Person zugeschnittene Aufklärung und Information zu unterstützen. Das Autonomieprinzip findet in der medizinethischen Praxis seinen Ausdruck in der Forderung des informierten Einverständnisses (informed consent). Das Einfordern der informierten Zustimmung ist aber an die Fähigkeit zur Wahrnehmung der Autonomie gebunden. In unserem Beispiel ist diese Fähigkeit nicht bzw. nur beschränkt vorhanden. So wendet sich das Autonomieprinzip zwar gegen eine „wohlwollende" Bevormundung, im Sinne eines Paternalismus und fordert die Berücksichtigung der Wünsche, Ziele und Wertvorstellungen der Person. Doch bei einer schwer geistig behinderten Person können deren Wünsche nur mittelbar, d. h. über ihre Verhaltensweisen festgestellt werden. Was heisst das nun bei unserem Beispiel? Das Verhalten der Person lässt unter Massgabe des Autonomieprinzips den Schluss zu, dass man den Willen der Person, nämlich sich nicht die Zähne putzen zu wollen, respektieren müsste – was zum bereits erläuterten Konflikt zwischen den Prinzipien Fürsorge und Autonomie führt. Man könnte gar vermuten, dass man mit dem Durchsetzen des Zähneputzens der Person sogar schadet, so dass auch das erste Prinzip verletzt wäre. Bereits diese Darstellung zeigt den Nutzen dieser Prinzipien: sie verdeutlichen den ethischen Konflikt. In der Praxis gilt es dann abzuwägen, inwieweit man beispielsweise andere Möglichkeiten bzw. Methoden findet, um die Zähne dieser Person reinigen zu können. Aufgrund meiner persönlichen Praxiserfahrung weiss ich, dass durchaus kreative Lösungen bestehen, wie man das durch die Prinzipien Nichtschaden, Fürsorge und Autonomie aufgebaute ethische Spannungsfeld vermindern kann.

2.4 Gerechtigkeit

Dieses vierte Prinzip fordert eine faire Verteilung der für eine bestimmte Situation relevanten Güter. Die Relevanz von Gerechtigkeitserwägungen ist eigentlich unbestritten und fast jeder würde wohl dem folgenden formalen Gerechtigkeitsprinzip zustimmen können: Gleiche Fälle sollten gleich behandelt werden und ungleiche Fälle sollten nur insofern ungleich behandelt werden, als sie moralisch relevante Unterschiede aufweisen. Dann stellen sich aber sofort die Fragen: Worin bestehen denn diese moralisch relevanten Unterschiede? Und welche Kriterien sind für eine gerechte Verteilung von Zuwendung ausschlaggebend? Das Prinzip der Gerechtigkeit kann dann in einen Gegensatz zu den drei anderen Prinzipien geraten. So kann die Sozialpädagogin in unserem Beispiel bei der erwähnten Person sehr lange verweilen, um das Autonomie-, das Nichtschadensprinzip und das Prinzip der Fürsorge in eine Balance zu bringen. Dann aber hat sie soviel Zeit verbraucht, dass sie bei der nächsten Person, bei der sie auch unter vergleichbaren Schwierigkeiten die Zähne putzen muss, dies nicht mehr tun kann. Entsprechend muss sie die Autonomie dieser Person stark einschränken, damit sie mit ihrem Pensum zu Rande kommt. Insofern ist also auch das Prinzip der Gerechtigkeit in dieser Situation einbezogen – wobei ergänzt werden muss, dass dieses Prinzip auch auf der institutionellen Ebene ansetzen kann, beispielsweise weil die Sozialpädagogin schlicht zu viele schwierige Personen zu betreuen hat und eine Abwägung der genannten Prinzipien gar nicht erfolgen kann.

3. Fazit

Das Beispiel zeigt: Die Anwendung der vier Prinzipien auf ethische Konfliktfälle erfolgt sinnvoller Weise in drei Schritten. Zunächst wird jedes Prinzip im Hinblick auf die spezifische Situation des Falles interpretiert (Interpretation). Anschliessend wird überprüft, ob die aus den einzelnen Prinzipien resultierenden Verpflichtungen übereinstimmen oder in Konflikt zueinander stehen (Konfliktüberprüfung). Da die Prinzipien jeweils für sich keine absolute Geltung haben, müssen sie im Konfliktfall gegeneinander abgewogen werden (Gewichtungen feststellen). So kann beispielsweise die Autonomie der Person durch die Prinzipien des Nichtschadens und der Fürsorge eingeschränkt werden. Dabei ist immer auf sensible Art und Weise abzuklären, inwieweit bei paternalistischen Eingriffen von Seiten der Sozialpädagoginnen die Autonomie der Person ihrem Wohl untergeordnet werden darf.

Probleme können sich dabei sowohl bei der fallbezogenen Interpretation als auch bei der relativen Gewichtung der Prinzipien ergeben, d.h. es geht immer auch um die moralischen Überzeugungen der beteiligten Personen. Damit werden intuitive Urteile und subjektive Abwägungen genau dort unvermeidbar, wo wir eigentlich ethische Rezepte erwarten würden. Die vier Prinzipien liefern keine solchen Rezepte. Sie schärfen aber den Blick auf den ethischen Kern solcher Probleme. Deshalb wäre es auch in der Heilpädagogik durchaus sinnvoll, dass die betreffenden Fachpersonen sich intern weiterbilden würden. Denkbar wäre auch, dass heilpädagogische Institutionen z.B. im Rahmen von Ethik-Foren, wie bereits in Spitälern üblich, ihre diesbezügliche Sensibilität erhöhen, sodass ethische Problemstellungen vermehrt nach rationalen Gesichtspunkten beurteilt würden.

Literatur

Beauchamp T.L. & Childress J.F. (2008): Principles of Biomedical Ethics. Oxford University Press.
Nirje B. (1994): Das Normalisierungsprinzip. In: Fischer et al.: WISTA, Experten-Hearing 1993 Wohnen im Stadtteil für Erwachsene mit schwerer geistiger Behinderung. Reutlingen.

Moralentwicklung und geistige Behinderung

1. Einleitung

Es ist ein Geburtstagsfest angesagt in der Unterstufenklasse der Heilpädagogischen Schule Zürich. Die Erwachsenen haben den Tisch festlich gedeckt und die Decke mit Girlanden sowie mit allerlei Luftballons dekoriert. Das Geburtstagskind hat von daheim Schokolade und Brötchen mitgebracht. Zum Anlass seines achten Wiegenfestes sollen die Leckereien zum Z'nüni unter den Schülern aufgeteilt werden. Doch in einem unbeobachteten Moment, hat eine Mitschülerin sämtliche Schokoladentäfelchen in die Hosentasche gesteckt um diese anschliessend in der Puppenecke aufzuessen. Kurz darauf kehren die Lehrpersonen und das Geburtstagskind, mit bunten Strohhalmen sowie einer Tischbombe ins Klassenzimmer zurück. Sie suchen nach den Süssigkeiten. Das spielende Kind weiss von Nichts. Ein verräterischer „Schokoladenschnauz" lässt die Lüge jedoch auffliegen.

Solche Geschichten sind wohl jedem vertraut, der eigene Kinder hat. Sie sind dann jeweils Anlass für Moralerziehung, also eine Gelegenheit, einem Kind den Unterschied zwischen gutem und schlechtem Verhalten zu erklären. Doch in diesem Fall scheint etwas anders zu sein: Es fällt uns schwer, dem Kind mit einer Behinderung den Grund unseres Ärgers zu erklären. Es scheint für die Schülerin im gegebenen Beispiel unmöglich zu sein, sich in die Rolle eines anderen hineinversetzen zu können. Auch sieht es so aus, als ob das Kind keine Veranlassung sieht, seine Ansichten oder sein Handeln uns gegenüber zu rechtfertigen und zu begründen, weil es nichts Schlechtes dabei empfindet.

Wir sind hier also bei einem grundlegenden Problem im Kontext von Moral und Behinderung: Was wäre der Mensch ohne sein Gewissen, ohne die Fähigkeit, seine eigenen Handlungen und die anderer Menschen einem Prüfstand unterziehen zu können, ob sie in moralischer Hinsicht gut oder verwerflich sind. Jede Erziehung nutzt Sollens-

Vorschriften, um Kindern die Werte, die in einer Gesellschaft gültig sind, zu vermitteln. Für unseren Kontext sind dabei aber folgende Fragen relevant:

- Wie sieht das moralische Empfinden bei Kindern mit geistiger Behinderung aus, unterscheidet es sich von jenem „normaler" Kinder?
- Taucht die Frage nach dem Auftreten des Moralverständnisses eines Kindes mit einer geistigen Beeinträchtigung nicht in jedem pädagogischen Kontext früher oder später auf?

Es soll hier deshalb der Entwicklung des moralischen Urteilsvermögens bei Kindern mit einer geistigen Behinderung nachgegangen werden. Konkret soll es darum gehen, inwieweit es in einer Heilpädagogischen Schule nach einem Regelverstoss möglich ist, an eine moralische Instanz zu appellieren oder inwieweit wir die Schüler mit einer solchen Erwartungshaltung überfordern. Diese Fragestellung ist erstaunlicherweise kaum ein Thema in der heilpädagogischen Literatur bzw. Praxis, wie eine Nachfrage bei der Schweizerischen Zentralstelle für Heilpädagogik und der Bundesvereinigung Lebenshilfe für Menschen mit geistiger Behinderung e. V. in Deutschland ergeben hat.

2. Moral und Moralentwicklung

Eine Standarddefinition für „Moral" lautete: „(lat. moralis die Sitte betreffend), Gesamtheit, der das Urteil und Verhalten bestimmenden Normen" (Dorsch 1991, 425). Jede Gesellschaft kennt solche Normen, Regeln oder Sollensvorschriften, nach der die Mitglieder der Gesellschaft handeln sollen und die gleichsam eine innere Richtschnur bilden. Dazu gehören insbesondere Gebote und Verbote, Pflichten und Verantwortlichkeiten gegenüber anderen, sowie damit zusammenhängende Rechte. Solche Normen sind gemäss Montada Ausdruck der in einer Gesellschaft herrschenden kulturellen und religiösen Traditionen und werden teilweise auch durch staatliche Regeln und Gesetze expliziert (Montada 1995, 862). In der Moralforschung wird zudem untersucht, inwieweit Moralität Teil der biologischen Natur des Menschen (und evt. anderen Primaten) ist und im Verlauf der Evolution des Sozialverhaltens entstanden ist. Trotz dieser Möglichkeit einer biologischen „Fundierung" von Moral ist klar, dass sich über die Rechtfertigung geltender Normen streiten lässt. So können beispielsweise staatliche Gesetze gegen Natur- oder Menschenrechte verstossen und/oder gegen das moralische Verständnis einer Teilpopulation. Auch können unterschiedliche Gemeinschaften konträre Auffassungen über bestimmte Gebote und Verbote haben. Und schliesslich kann die „Moral" einer Gesellschaft auch ändern. Beispielsweise wird oft bemerkt, dass in den westlichen Industrienationen soziale Werte wie Gemeinschaft, Hilfsbereitschaft oder Rücksichtnahme zunehmend an Bedeutung verlieren würden, während der Einzelne mit seinen Bedürfnissen sowie materielle Werte wichtiger geworden seien. Inwieweit dem wirklich so ist, soll hier nicht weiter verfolgt werden.

In diesem Kontext einer „herrschenden Moral" vollzieht sich die Moralentwicklung eines einzelnen Menschen. Man versteht darunter vornehmlich jene Teilprozesse der Sozialisation, die zur Internalisierung von grundlegenden Normen und Regeln führen, wobei erwartet wird, dass ein Individuum auch dann den Regeln gemäss handelt, wenn es die Neigung spürt, sie zu übertreten, und wenn weder eine Überwachung vorhanden noch Sanktionen zu fürchten sind. Neben diesem Widerstand gegen die Versuchung ist auch der Aspekt des Schuldgefühls wichtig, d. h., dass nach der Verletzung moralischer Normen selbstbestrafende oder selbstkritische Empfindungen wie Reue und Angst auftreten. Die Internalisierung eines Standards impliziert schliesslich auch, dass das Individuum aufgrund der erworbenen Regeln Urteile über eigenes und fremdes Verhalten fällen kann (vgl. Montada 1998, 880).

Teil der (menschlichen) Moralentwicklung ist zudem auch die Fähigkeit, über die „herrschende Moral" zu reflektieren. Das systematische Nachdenken über die Rechtfertigung von moralischen Normen und Systemen nennt sich Ethik – oder in der Definition von Dorsch (1991, 191):

> (gr. Ethos Haltung, Gepflogenheit, Sitte), Morallehre, die Lehre vom Guten und seinen Gegensätzen, von den Prinzipien des sittlichen Handelns und von den sittlichen Werten. Die Ethik ist praktische Disziplin der Philosophie. Zur Psychologie der Ethik gehören sittliches Wertbewusstsein (wie das Gewissen) und verantwortungsbewusstes Handeln.

Gewiss sind Kinder noch keine Ethiker im akademischen Sinn. Doch spätestens mit dem Eintritt in den Kindergarten, wo die Kinder (je nach Kanton) etwa drei bis sechs Jahre alt sind, beginnen diese, sich mit Normen auseinanderzusetzen. Sie fragen nach deren Herkunft und interessieren sich für deren Begründung. Übertretungen oder Nichteinhaltung einer Gruppennorm (im Kindergarten beispielsweise) werden von den Gruppenmitgliedern kontrolliert. Je höher der Stellenwert der Normen für die Gruppe ist, umso grösser wird der Druck auf die einzelnen Mitglieder, die Normen auch einzuhalten. Dazu werden bestimmte Sanktionen strafender oder belohnender Natur durch die Gruppe ausgeübt. Dennoch werden in diesem Alter die von Erwachsenen vorgegebenen Normen grundsätzlich akzeptiert, d. h. die Regeln bleiben „heteronom", also von fremden Gesetzen abhängig (Montada 1998, 872). Im Schulalter bekommt die Auseinandersetzung mit moralischen Regeln ein anderes Gewicht. Es geht nicht mehr nur um die Einhaltung oder Nicht-Einhaltung von Normen, sondern auch um den Sinn und ihre Begründung. Legitimation von Normen und Grundwerte wie z. B. Gerechtigkeit werden zu einem Thema.

Diese Idee einer solchen „stufenförmigen Moralentwicklung" ist vom Schweizer Entwicklungspsychologen Jean Piaget im 20. Jahrhundert in die Diskussion eingeführt worden. Dieser zog seine Erkenntnisse unter anderem aus gezielten Beobachtungen von Gruppen Murmeln spielender Kinder im Alter zwischen fünf und dreizehn Jahren und Nachfragen bei den Kindern mit Blick auf die Regeln des Spieles, deren Herkunft und Veränderbarkeit. Er stellte den Sprösslingen auch Fragen bezüglich gerechter Verteilung von Gütern und Pflichten und der Gerechtigkeit unterschiedlicher Strafen für ein Vergehen. Ausgehend von diesen Untersuchungen postulierte er, dass die moralische Entwicklung eines Menschen zwei Stadien umfasst:

– Das Stadium der Heteronomie: Autoritäten setzen Regeln und sind berechtigt, Abweichungen zu bestrafen. Erwachsene bestimmen über gut oder böse, gerecht und ungerecht.
– Das Stadium der Autonomie: Die Kinder entscheiden mit, was richtig und erstrebenswert ist. Es können Vereinbarungen bezüglich Spielregeln eingegangen werden. Der Gesichtspunkt der Gerechtigkeit wird dabei nicht ausser Acht gelassen.

Piaget weist zudem darauf hin, dass die Entwicklung des Normbewusstseins und die kognitive Entwicklung eng miteinander verbunden sind. So wächst im Kind mit der Überwindung des egozentrischen Weltbildes auch das moralische Bewusstsein. Innerhalb dieses geistigen Anpassungsprozesses versucht es, die Welt zu begreifen. Es unterzieht dabei seine Wahrnehmung immer auch einer subjektiven Bewertung (gut oder schlecht). Die Psychologin Barbara Senckel schreibt dazu: „Mit der wachsenden Fähigkeit des Kindes, logische Gesetze korrekt anzuwenden, wird es zunehmend in die Lage versetzt, ein komplexes, hierarchisches Wertesystem aufzubauen und sich in seinen Handlungen angemessen an ihnen auszurichten" (Senckel 1996, 184).

Aufbauend auf Piagets dreistufigem Modell der moralischen Entwicklung entwarf Lawrence Kohlberg 1963 ein differenziertes Stufenmodell mit drei Hauptniveaus und sechs Stadien moralischer Entwicklung. Kohlbergs Interesse galt dabei nicht so sehr der Frage nach den konkreten Normen, die Kinder und Jugendliche anerkennen, und ob sie sich dementsprechend verhalten. Vielmehr ging es ihm um die Entwicklung von Begründungen normativer Urteile. Er legte Kindern und Jugendlichen dazu eine Reihe von hypothetischen moralischen Konfliktsituationen vor (etwa, ob man ein teures Medikament stehlen darf, um den Tod seiner eigenen Frau abzuwenden) und ordnete die Reaktionen den einzelnen Stufen bzw. Stadien zu. Dabei zeigte sich, dass es grosse Unterschiede im Entwicklungsverlauf der einzelnen Kinder gibt und dass auf den einzelnen Altersstufen Urteile im Sinne verschiedener Stadien abgegeben werden, je nach Situation und Problemstellung. So unterscheidet Kohlberg das vormoralische, das konventionelle und das postkonventionelle Niveau. Im vormoralischen Niveau werden moralische Entscheide entweder durch drohende Strafen und mächtige Autoritäten oder mit eigenen Interessen begründet. Die Interessen der anderen werden nur im direkten, wechselseitigen Austausch nach Massgabe eigener Interessen berücksichtigt. Auf dem konventionellen Niveau herrscht der Drang der Aufrechterhaltung bedeutsamer Sozialbeziehungen vor und erst auf dem postkonventionellen Niveau werden geltende Normen mit Blick auf grundlegende Wertvorstellungen und Prinzipien begründet oder abgelehnt.

Auch Kohlberg sieht einen engen Zusammenhang zwischen Moralentwicklung und kognitiver Entwicklung: „Da moralisches Denken natürlich auch Denken ist, hängt fortgeschrittenes moralisches Denken von fortgeschrittenem logischen Denken ab" (Colby & Kohlberg 1986, 142). Dies bedeutet ferner, dass die eigentliche Moralentwicklung erst mit dem Ende der von Piaget postulierten Phase des voroperationalen Denkens beginnt. Bestimmte Schritte in der Denkentwicklung müssen bereits vollzogen sein, damit die moralische Entwicklung beginnen kann. Hierbei betont Kohlberg, dass fortgeschrittenes logisches Denken zwar notwendig erscheint, jedoch nicht zugleich als Garantie für ein höheres moralisches Stadium gelten kann. Die gleiche Beziehung wie zwischen kognitiver Entwicklung und Moralentwicklung – erstere als notwendige, aber nicht hinreichende Bedingung für letztere – besteht auch zwischen der Perspektivenübernahme und den moralischen Entwicklungsstufen. Ohne die Fähigkeit der Rollenübernahme und die Fähigkeit, sich in andere Menschen und deren Intentionen hineinzuversetzen, können keine moralischen Urteile auf höheren Ebenen gefällt werden (Colby & Kohlberg 1986, 155). Daraus folgt: Je differenzierter die Fähigkeit der Perspektivübernahme ausgeprägt ist, desto durchdachter können moralische Urteile und Handlungen ausfallen.

Nach Senckel (1996), die sich eher der psychoanalytischen Theorie verpflichtet fühlt, vollzieht sich die Über-Ich Entwicklung- oder Gewissensbildung bei geistig behinderten Menschen grundsätzlich dem „normalen" Verlauf entsprechend. Sie weist jedoch darauf hin, dass die nicht oder nur beschränkt erworbene Abstraktionsfähigkeit das Vermögen reduziere, Werte in ihrer Allgemeingültigkeit zu erfassen, untereinander zu verbinden, sie hierarchisch zu ordnen und ihnen realitätsgerecht zu entsprechen. Auch falle es schwer, so Senckel weiter, zusätzliche Aspekte einer Situation zu berücksichtigen und eigennützige Interessen hintanzustellen. Diese Fähigkeit werde auch durch die häufig anzutreffende Ich-Schwäche beeinträchtigt. Sie empfiehlt, dass beim Umgang mit geistig behinderten Menschen, bei der Bewertung ihrer Handlungen, bei der Forderung nach Selbstkontrolle und Normeinhaltung und bei der Einschätzung ihres Urteilsvermögens – kurz bei allen Erwartungen im Hinblick auf „gutes", normgerechtes, sittliches Verhalten – der emotionale und kognitive Entwicklungsstand des betreffenden Menschen als Massstab dienen sollte.

3. Blick in die Praxis: Erstklässler der Heilpädagogischen Schule

Im Rahmen der Bearbeitung der theoretischen Aspekte rund um die Entwicklung moralischen Urteilsvermögens, flochten wir bewusst vermehrt moralische Inhalte in den Unterricht ein. Dies praktizierten wir, indem wir die Schülerinnen und Schüler im Anschluss an Konfliktsituationen in moralische Diskussionen einbanden. Unsere Absicht bestand darin, dass die Kinder aufgefordert wurden, ihre moralischen Urteile und Argumente zu begründen. Durch den Austausch im Gesprächskreis innerhalb des Gruppenverbandes sollten sie zudem weitere moralische Einsichten entdecken können. Weiter wollten wir herausfinden, auf welcher Stufe der moralischen Entwicklung nach Kohlberg die sechs Kinder der Unterstufe argumentieren, um somit einen direkten Bezug zum theoretisch Erarbeiteten herzustellen.

Montada räumte zwar ein, dass ein effektiver Zusammenhang zwischen Urteil und Handeln, zwischen Reflexion über hypothetische Dilemmata und tatsächlichen Dilemmata nicht nachweisbar sei, betonte aber gleichzeitig, dass sich moralische Erziehung mit beidem befassen müsse (vgl. Montada, 1998, S. 878).

In den Aussagen der achtjährigen geistig behinderten Kinder erkennen wir hauptsächlich Merkmale der ersten Ebene des moralischen Urteilsvermögens nach Kohlberg. Die meisten Kinder scheinen sich ausschliesslich an den Werten und Normen der Erwachsenen zu orientieren. Richtige Handlungen sind solche, die belohnt werden; falsch sind diejenigen, die bestraft werden. So schimpfen sie beispielsweise im Gesprächskreis über Verhaltensweisen anderer Schüler, die sich offensichtlich nicht an Regeln gehalten haben, und verlangen eine Stellungnahme von uns. Ausserdem weisen sie uns während des Unterrichts auf Fehlverhalten einzelner Mitschüler hin und verlangen von uns sanktionierende Massnahmen. Sie fordern die Gleichbehandlung aller Personen und zeigen für Ausnahmen kein Verständnis. Ein Kind erkundigt sich nach der gemeinsamen Unterrichtssequenz neuerdings explizit, ob es gut gearbeitet habe und uns seine Leistungen freudig stimmten. Nur ein Schüler zeigt erste Indizien der zweiten Stufe des moralischen Urteilsvermögens nach Kohlberg. Richtiges Handeln scheint das, wodurch die eigenen Bedürfnisse und gelegentlich die Bedürfnisse der anderen befriedigt werden. Gerecht ist, was ein gleichwertiger Handel oder ein Übereinkommen ist. So darf ein anderes Kind explizit sein Freund bleiben, wenn es auch Kekse zum Znüni isst, mit ihm Rollenspiele übt, ihn im Morgenkreis als Tanzpartner wählt etc. Steigt der Mitschüler nicht darauf ein, wird mit der Kündigung der Freundschaft gedroht.

Uns fällt auf, dass einige Kinder die Kausalität zwischen Fehlverhalten und Strafe nicht immer nachvollziehen können. So schlug uns ein Schüler vor, einer seiner Mitschüler, welcher im Gruppenverband andere Kinder gestossen und gebissen hatte, nächste Woche nicht mit ins Schwimmbad gehen zu lassen. Derselbige musste einige Wochen zuvor tatsächlich einmal auf den Schwimmunterricht verzichten, nämlich an einem Tag, an dem dieser zwei Stunden Arbeit verweigert hatte. Er wurde stattdessen von einer Klassenlehrbeauftragten dazu angehalten, anstelle des Schwimmens den ausgemachten Rechenaufgaben nachzugehen.

Bei der Übertragung der theoretischen Grundlage von Piaget ergaben sich Komplikationen bedingt durch die kognitive Behinderung. Die Mehrheit der Schüler der Unterstufe bildet nicht alle geistigen Kompetenzen, die einer bestimmten Entwicklungsstufe zugerechnet werden, gleichmässig aus oder aber sie sind für uns nicht ersichtlich. Es scheint, als entwickelten die Kinder einzelne Teilfunktionen besser als andere. Solche Diskrepanzen erscheinen wahrscheinlich auch in der Entwicklung „normal Begabter", allerdings liegen deren Leistungsextreme nicht so weit auseinander wie bei Menschen mit einer geistigen Behinderung. Auch scheinen die Kinder in ihrem Explorationsverhalten und der daraus resultierenden Fähigkeit zu übertragender Assimilation und Akkommodation eingeschränkt. Wir führen dies auf die Wahrnehmungs- und Reizverarbeitungsstörungen der Schüler zurück.

Im Verhalten der Achtjährigen erkennen wir gehäuft Merkmale der Stufe des anschaulichen Denkens: Die Kinder konzentrieren sich bei der Beurteilung einer Menge von Dingen auf ausschliesslich ein Merkmal. Als wir in der Osterzeit die selbst gebastelten Nestchen mit Zuckereier dekorierten, gab es Streit, wer nun mehr abbekommen und wer den Kürzeren gezogen habe. Zwei Kinder hatten grössere, dafür weniger Zuckereier in ihrem Nest. Sie beklagten sich darüber, dass die anderen eindeutig besser davongekommen seien als sie und verlangten eine Stellungnahme unsererseits.

Der fehlende Invarianzbegriff (oder die Unveränderbarkeit einer Menge) ist ein weiterer „Denkfehler", welcher das Stadium dieser Stufe kennzeichnet. Das Kind kann nicht nachvollziehen, dass eine Menge so lange gleich bleibt (auch in veränderter Form), bis etwas weggenommen wird. Es kann Abläufe in der Vorstellung noch nicht rückgängig machen. Der Käse, der für die Pizza geraffelt wurde und nun locker in einem Schälchen liegt, erscheint dem Kind in unserer Klasse in der Menge verändert.

Berichten über das Erlebte an Wochenenden oder an freien Nachmittagen können wir oft kaum folgen. Die Schülerinnen und Schüler scheinen keine Veranlassung zu sehen, eine Einleitung in die Geschichte einzubauen. Da erzählt ein Kind strahlend, was ein Elefant alles gemacht habe, lässt aber ausser Acht zu erzählen, wo es diesen gesehen hat, wer das Kind begleitet hat etc. Es wird auch nicht ersichtlich, ob es den Elefanten gestern, vorgestern oder irgendwann mal beobachtet hat. Das Kind scheint keinen Zweifel daran zu haben, dass wir verstehen was es meint. Der Egozentrismus des Kindes lässt es keinen anderen Standpunkt einnehmen als den eigenen.

Weiter treten auf der Stufe des anschaulichen Denkens Defizite in der Serien- und Klassenbildung auf. Das Kind kann Oberbegriffe in Unterklassen einteilen. Nach vollzogener Differenzierung, ist es jedoch nicht mehr in der Lage, sie geistig wieder rückgängig zu machen (vgl. Montada, 1998, S. 522ff.).

In dieser Stufe der kognitiven Entwicklung sollte das Kind die Wortbedeutungen zunehmend korrekt gegeneinander abgrenzen können. Die sprachlichen Zeichen werden von einer Schülerin bereits überwiegend dem allgemeinen Sprachgebrauch entsprechend verwendet. Ein anderer Teil der Kinder verwendet die Begriffe noch sehr ungenau und mit einem ausgeweiteten Bedeutungsspektrum. Die unscharfe Verwendung der Wörter zeigt nach Senckel, dass das Kind zwar die Darstellungsfunktion der Sprache erfasst hat, ihre begriffliche Funktion aber noch nicht beherrscht (vgl. Senckel, 1996, S. 278). Ein dritter Teil der Schüler steht in einem bedeutenden Spannungsverhältnis zwischen Sprachverständnis und der eigenen Lautsprache. Ein Mädchen der Klasse scheint einzelne kognitive Fähigkeiten gar in abweichender Reihenfolge zu erwerben. Ihr Verhalten zeigt eindeutig Hinweise für das Ansiedeln der Stufe des anschaulichen Denkens. Doch das schon viel eher, nämlich gegen Ende des zweiten Lebensjahres beginnende Symbolspiel, beherrscht sie (noch) nicht.

4. Schlussfolgerungen

Die von Colby & Kohlberg (1986, S. 155) postulierte Beziehung zwischen einzelnen Stadien der Perspektivübernahme und den moralischen Entwicklungsstufen deckt sich mit unseren Erfahrungen mit den Schüler der Unterstufenklasse in der Heilpädagogischen Schule Zürich: Ohne die Fähigkeit der Rollenübernahme, die Fähigkeit sich in andere Menschen, deren Intentionen, hineinzuversetzen zu können, ist es nicht möglich, moralische Urteile auf höheren Ebenen zu fällen. Die Fähigkeit der differenzierten Perspektivenübernahme ist wiederum abhängig von dem kognitiven Entwicklungsstand des Kindes. Dasjenige Kind, welches bereits Indizien der zweiten Stufe moralischen Urteilsvermögen nach Kohlberg zeigt, scheint auch in der kognitiven Entwicklung nach Piaget ein Schrittchen weiter als die Mitschüler der Unterstufenklasse zu sein. Es hat den Zahlenbegriff bis 20, kann mit einer Rechenhilfe plus und minus rechnen und beginnt mit dem Lesen und Schreiben.

Argumentation und Belehrung alleine führen nicht zu einer Weiterentwicklung der Moral. Es müssen nach Meinung Kohlbergs vielmehr direkte Erfahrungen mit moralischen Überlegungen und Konflikten gemacht werden. Da höhere Stufen der moralischen Urteilsfähigkeit ein Hineinversetzen in andere Personen voraussetzt, scheint es wichtig, dem Kind solche Lernerfahrungen zu ermöglichen.

Es wäre im Nachhinein spannend gewesen, eine standardisierte Eltern- beziehungsweise „Experten"-Befragung zu diesem Thema durchzuführen und die Aussagen miteinander zu vergleichen. Durchaus denkbar wäre, dass sich die Frage nach dem Urteilsvermögen eines Kindes mit einer geistigen Behinderung, im Elternhaus eher stellt. Gerade auch wenn allenfalls noch Geschwister vorhanden sind, die in diesem Bereich schnellere Lernfortschritte machen.

5. Einige Spekulationen, warum sich Sonderpädagogen nicht Gedanken zur Moralentwicklung ihres Klientel machen

Eine Spekulation unsererseits, warum sich Sonderpädagogen nicht Gedanken zur Moralentwicklung ihres Klientel machen ist, dass beispielsweise im Vergleich zu körper- und sinnesbehinderten Menschen, der Geistigbehindertenbereich eher ein „Stiefmütterchendasein" fristet und die Fachliteratur dementsprechend dünn gesät ist. In der Forschung, verhält es sich unserer Meinung nach so, dass die Auseinandersetzung mit der Thematik „geistige Behinderung" einen eher geringen Stellenwert hat. Eine weitere Annahme besteht darin, dass die Arbeit von Piaget und Kohlberg von Fachpersonen im Geistigbehindertenbereich meist mit dem Thema Intelligenzentwicklung in Bezug gebracht wird. Das unserer Ansicht nach mindestens so spannende Buch über die Entwicklung des moralischen Urteilsvermögens scheint in diesem beruflichen Umfeld weniger Verbreitung gefunden zu haben und dessen Stellenwert scheint als geringer eingestuft zu werden.

Eine dritte Hypothese sehen wir dahingehend, dass eine geistige Behinderung mit einer psychischen Beeinträchtigung in Verbindung gesetzt wird (gemeinsame historische Wurzeln). Das Verhalten des Klientel wird als nicht verantwortungsfähig angesehen. Eine Schuldeinsicht wird abgestritten. Man bleibt erzieherisch gesehen auf einer Art „Dressurebene." Das Recht oder die Pflicht auf (selbst-)verantwortliches Handeln wird bei geistig behinderten Menschen in Zweifel gezogen. Warum eigentlich? Wäre es im Sinne des Normalisierungsprinzips nicht auch sinnvoll und notwendig zugleich, dass bei Kindern und Jugendlichen mit einer geistigen Behinderung vermehrt und verstärkt darauf geachtet wird, was richtig und was falsch ist, auch wenn, wie die obigen Erläuterungen gezeigt haben, bedingt durch die kognitive Beeinträchtigung dem Moralverständnis Grenzen gesetzt sind?

Der Beitrag entstand in Zusammenarbeit mit Karin Jucker (Sonderpädagogin HF).

Literatur

Dorsch F. (1991): Psychologisches Wörterbuch. Stuttgart, Hans Huber, 11. überarbeitete Auflage.
Fatke R. (Hrsg.) (2010): Piaget, Meine Theorie der geistigen Entwicklung. Beltz-Verlag.
Fritsch S. (2007): Lawrence Kohlberg. Das Stufenmodell zur Entwicklung des moralischen Urteils. GRIN Verlag.
Habel E. (2009): Moralentwicklung beim Kind. Akademische Schriftenreihe, Bd. V128393, GRIN Verlag.
Kraus M. (2009): Die Theorie der Entwicklung des moralischen Urteilens nach Lawrence Kohlberg. Akademische Schriftenreihe, Bd. V128122, 2009, GRIN Verlag.
Montada L. et al. (Hrsg.) (1998): Entwicklungspsychologie. München BELTZ, 4. überarbeitete Auflage.
Pädagogische Hochschule Freiburg: Piaget. Zugänglich unter: http://art.ph-freiburg.de/Piaget/PNG/Prinzipien/Prinz_abb7.png (Zugriff 28.03.2004).
Piaget J. (2003): Das Weltbild des Kindes, (7. Aufl.), Verlag dtv.
Piaget J. (1975): Biologische Anpassung und Psychologie der Intelligenz. Verlag Klett.
Senckel B. (1996): Mit geistig Behinderten leben und arbeiten. München, C. H. Beck, 2. Auflage.
Speck O. (1997): Chaos und Autonomie in der Erziehung, Erziehungsschwierigkeiten unter moralischem Aspekt. München, Reinhardt, 2. überarbeitete Auflage.
Wember F. B. (1986): Piagets Bedeutung für die Lernbehindertenpädagogik. Verlag Edition Schindele.

Teil 2:

*Integration –
Wie weit kann Eingliederung gehen?*

Ein Fallbeispiel zum Einstieg – Kleinwuchs

Das Thema „Integration" betrifft ein ethisches Kernproblem der Heilpädagogik, steht doch das Bemühen, Menschen mit besonderen Bedürfnissen ihren legitimen Platz in der Gesellschaft zu schaffen, im Zentrum des heilpädagogischen Handelns. Auch diesen Teil beginnen wir mit einem Fallbeispiel, das innerhalb der Ethik für heftige Diskussionen gesorgt hat: Ist es legitim, dass ein geistig behindertes Kind mittels medizinischer Beeinflussung in seiner Entwicklung gehemmt wird, damit es kleinwüchsig bleibt, was seine Betreuung vereinfacht? Die Untersuchung dieser Frage werden wir anhand der vier Prinzipien von Beauchamp und Childress vornehmen, die im vorherigen Teil eingeführt worden sind. Zusätzlich behandeln wir die Frage, inwieweit die „natürliche Entwicklung" eines Menschen einen ethisch schützenswerten Status haben soll.

1. Der Fall

Im Jahr 2007 erregte der sogenannte „Fall Ashley" internationales Aufsehen:[1] Eine namentlich nicht genannte Familie hatte ein Ärzteteam in Seattle gebeten, das Wachstum ihrer zum Zeitpunkt des Therapiebeginns sechsjährigen Tochter Ashley zu bremsen und gleichzeitig eine Pubertät des Mädchens zu verhindern. Ashley soll in einem Zustand „permanenter Kindheit" gehalten werden. Die für Ashleys Behandlung verantwortlichen Ärzte, der Kinderendokrinologe Dr. Daniel F. Gunther und Dr. Douglas S. Diekema, ein Spezialist für Fragen medizinischer Ethik im Kindesalter, hatten das seither sogenannte Ashley-Treatment in der Fachzeitschrift Archives of Pediatrics and Adolescent Medicine (2006; 160: 1013–17) vorgestellt. Ein Bericht in einer kalifornischen

---

[1] Quelle: Deutsches Ärzteblatt 2007; 104(3): A-94.

Tageszeitung hatte dann die Öffentlichkeit auf das ungewöhnliches Schicksal aufmerksam gemacht – und auf eine noch ungewöhnlichere Therapie.

Ashley leidet an statischer Enzephalopathie, kann weder gehen noch sitzen und ist – nach Einschätzung von Eltern und Ärzten – geistig auf dem Stand eines drei Monate alten Babys geblieben. Nach den Angaben ihrer Eltern ist das Kind mental alert und nimmt seine Umwelt wahr und liebt Musik. Ashley wird über einen Tubus ernährt, ihre Eltern sind gewohnt, sie zu tragen – zum Bad, zu ihrem kinderwagenähnlichen Gefährt, zum Auto für Familienausflüge. Doch Ashley wuchs, wurde schwerer und grösser, was bei den Eltern die Sorge auslöste, sich dem Tag zu nähern, da eine häusliche Pflege nicht länger möglich ist. Die Eltern wandten sich an eine Klinik in Seattle. Ein aus 40 Ärzten und Bioethikern zusammengesetztes Komitee untersuchte die verschiedenen ethischen und legalen Aspekte. Besondere Beachtung wurde dabei der Sterilisation gewidmet, die Teil der „Ashley-Behandlung" ist. Hinzugezogene Anwälte vertraten den Standpunkt, dass ein amerikanisches Gesetz, das eine Zwangssterilisation bei Frauen verbietet, nicht auf Ashley zutrifft. Das Gesetz gelte nur für leichte Behinderungen. Ashley jedoch ist schwerstbehindert. Ausserdem, so die Juristen, sei die Sterilisation Nebeneffekt der Behandlung und nicht deren primäres Ziel.

Auf dieser Grundlage wurde im Sommer 2004 bei Ashley eine Kombinationstherapie vorgenommen, die aus drei Segmenten bestand. Der Uterus wurde chirurgisch entfernt, um Menstruation und Sexualentwicklung zu verhindern. Letzterem Ziel galt auch die Entfernung von Brustgewebe; Ashleys Eltern hatten bei dem Kind eine präpubertäre Schwellung der Brust bemerkt. Als zweite Begründung für diesen Eingriff wurde die Familiengeschichte angeführt, in der zahlreiche Fälle von Brustkrebs auftraten. Der Gefahr, dass auch Ashley hieran erkrankt, wollte man vorbeugen. Schliesslich wurde eine hoch dosierte Östrogentherapie durchgeführt, mit der Ashleys Wachstum begrenzt werden soll. Die Eltern argumentierten, dass die Pflege von Ashley leichter sei, wenn sie klein bleibe. Kinder mit einem so hohen Mass an Pflegebedürftigkeit und eingeschränktem Wachstum werden in den USA „Pillow Angel" genannt. Durch die Therapie konnte die Körpergrösse auf circa 135 Zentimeter begrenzt werden, die Neunjährige wiegt etwa 30 Kilogramm. Die Eltern, die ihre Liebe zu Ashley beteuern, argumentieren ferner, dass bei dem bettlägerigen Kind durch die Massnahmen Komplikationen vermieden werden können, die bei immobilen Patienten häufig sind, wie Geschwüre vom Liegen, Blaseninfektionen und Lungenentzündungen. Ausserdem seien Ashleys Ansprüche die eines Kleinkindes, und daher sei der Körper einer Neunjährigen langfristig für sie angemessener und würdevoller als der einer erwachsenen Frau.

Wäre ein solcher Fall auch in der Schweiz möglich? Nach Angaben der Schweizerischen Akademie der Medizinischen Wissenschaften (SAMW) befindet sich eine wachstumsbegrenzende Therapie erst in einem experimentellen Stadium und ist damit weder endgültig überprüft noch etabliert. Eine Nachfrage bei der SAMW (Mail-Mitteilung vom Juni 2010) hat ergeben, dass solche Versuche in der Schweiz weder als klinische Studie geschweige denn in der Praxis durchgeführt würden. Deshalb kann in der Schweiz oder in Deutschland einem solchen von Eltern geäusserter Wunsch nach Wachstumsverzögerung nicht nachgekommen werden. Es erscheint aber möglich, dass in absehbarer Zukunft ein solches Begehren an die Medizin gestellt wird. In meinem heilpädagogischen Umfeld ist dieser Wunsch bereits von einer Mutter eines Kindes mit schwerer geistiger Behinderung bei einer Ärztin gestellt worden. Es erscheint deshalb angebracht, sich näher mit dieser Thematik zu befassen. Dabei muss man berücksichtigen, dass vielen Eltern von Kindern insbesondere solchen mit einer schweren geistigen und mehrfachen Behinderung, die Betreuung „über den Kopf wächst" und dass deshalb nicht selten der Wunsch nach einem kleineren, leichteren, nicht pubertierenden Kind aufkommt.

2. Der ethische Konflikt

Dieser (für die Schweiz derzeit noch fiktive) Fall wirft folgendes Problem auf: Zum einen kann sich – zumindest auf den ersten Blick – ein Vertreter der Heilpädagogik intuitiv nicht mit diesem Ansinnen identifizieren bzw. ist darüber eher empört. Zum anderen will eine Heilpädagogin aber auch den guten Kontakt zur Mutter, der für ihre alltägliche Arbeit mit dem behinderten Kind wichtig ist, nicht so ohne weiteres aufs Spiel setzen. Zudem ist denkbar, dass dieses Ansinnen auch von professionellen Betreuern geäussert werden könnte. Hinter diesen Problemen verbirgt sich das ethische Dilemma, wie mit den hier involvierten Interessen der Betroffenen – der behinderten Person, ihren Angehörigen sowie den Betreuern – umgegangen werden soll. Besteht ein Recht auf „normale" Entwicklung? Ist die Vereinfachung der Pflege und Betreuung, was ja auch für die betroffene Person positiv ist, ein ausreichender Grund für einen solchen medizinischen Eingriff? Wir behandeln diese Frage anhand eines fiktiven Falls, einem schwer geistig behinderten Mädchen, bei dem die Mutter eine Therapie zur Verzögerung des Wachstums wünscht.

3. Diskussion des ethischen Konflikts

Wenn wir die vier von Beauchamp und Childress erläuterten ethischen Prinzipien Fürsorge, Nicht-Schaden, Autonomie und Gerechtigkeit (die Reihenfolge ist dem Fall angepasst) für die Diskussion dieses Falles heranziehen (vgl. mit S. 55 ff.), ergibt sich das folgende Bild.

3.1 Fürsorge

Geht man davon aus, dass das geistig behinderte Mädchen in unserem fiktiven Fall sich körperlich mehr oder weniger normal entwickeln wird, so wird es vermutlich einmal gut 1 Meter 60 gross werden und etwa 45–60 kg wiegen. Gewisse motorische Unsicherheiten sind ebenfalls zu erwarten, wobei unklar ist, wie gravierend diese im Erwachsenenalter sein werden. Das Mädchen wird ausserdem die Menstruation bekommen, was die Möglichkeit einer Schwangerschaft mit einschliesst. Wird dieser Fall ausschliesslich unter dem Gesichtspunkt der Fürsorge betrachtet, so kann man unschwer unterstellen, dass die Befriedigung der pflegerischen Bedürfnisse der Person im erwachsenen Stadium ungleich schwieriger sein wird als heute, wo das Mädchen 1 Meter 10 gross und gut 20 kg schwer ist. Beispielsweise kann es auf den Arm genommen werden. In Gesprächen mit Müttern geistig behinderter Mädchen wird zudem immer wieder die Angst geäussert, dass das später dann erwachsene Mädchen verführt werden könnte. Aber auch die monatliche Hygiene auf Grund der Periode bereiten ihnen oft sehr grosse Sorgen. So gesehen, unterstützt das Prinzip der Fürsorge den Wunsch nach einer Entwicklungsverzögerung bzw. -hemmung, weil dadurch das Mädchen besser versorgt, gepflegt und betreut werden kann.

Andererseits muss das Fürsorge-Prinzip natürlich auch auf das betroffene Mädchen angewendet werden. Die Frage ist: Wird die Tatsache, dass durch den Eingriff die freie Entfaltung des Mädchens in seinem natürlichen Entwicklungsprozess verhindert wird, vom Mädchen selbst als fürsorgerischer Akt betrachtet? Schliesslich könnte man alternativ die Fürsorge der Eltern durch Anpassungsleistungen der Umwelt (Entlastungsdienste, Beratung etc.) unterstützen. Die Form der Fürsorge müsste also reorganisiert werden, damit die Entwicklung des Kindes nicht beeinträchtigt wird.

3.2 Nichtschaden

Wird dieses Prinzip in die Beurteilung mit einbezogen, so wird diese schon schwieriger. Einerseits kann man argumentieren, dass die durch den Eingriff vereinfachte Fürsorge mit einem geringeren Schaden einher geht. Denn ist die Pflege, Förderung und Betreuung schwieriger, ist auch die Gefahr von Schäden grösser. Andererseits ist eine solche Intervention ein extremer Eingriff in die biologische und psychologische Entwicklung dieses Mädchens, was man als eine Form der Körperverletzung betrachten kann. Diese Betrachtungsweise nährt auch die intuitiv vorgebrachte Ablehnung durch die Heilpädagogin bzw. der heilpädagogischen Wissenschaft.

Aus medizinischer Sicht ist bis heute nicht hinreichend bekannt, ob eine Steuerung des Hormonhaushaltes durch einen solchen Eingriff als Nebenwirkung körperliche Schädigungen hervorruft. Gäbe es solche, wäre dies ein gewichtiger Einwand gegen die Intervention. Wir gehen deshalb für die folgenden Überlegungen davon aus, dass ein solcher Eingriff keine schädlichen körperlichen Nebenwirkungen hat, sondern lediglich die von der Mutter angestrebte Wachstumshemmung ihres Kindes bewirkt. In diesem Fall stellt eine solche Intervention keinen Schaden im engeren Sinne dar. Doch dieser Schluss beruht auf einer unvollständigen Erfassung der Situation, denn es muss berücksichtigt werden, dass es durch einen solchen Eingriff zu einem Auseinanderklaffen der psychischen bzw. physischen Entwicklung kommen kann. Es stellt sich beispielsweise die Frage, inwieweit eine 50-jährige Person im Körper eines Kleinkindes als erwachsene Person anzusehen ist und inwieweit dieser Sachverhalt in der Wahrnehmung der betroffenen Person als Schaden angesehen wird. Würde dies als schwerwiegender psychischer Schaden gelten, so stützt das Prinzip des Nichtschadens die Ablehnung des Eingriffs.

3.3 Autonomie

Autonomie ist in der Ethik ein zentraler, aber auch schillernder Begriff. Er umschreibt die Idee der Selbstgesetzgebung des vernunftbegabten Individuums und beinhaltet sowohl eine normative als auch empirische Komponente. Aus der normativen Perspektive ist Autonomie beispielsweise im Verständnis von Immanuel Kant eine Grundkategorie der Ethik, die jedem Menschen zukommt und auch Basis für die Zuschreibung von Menschenwürde ist. Dieses normative Verständnis von Autonomie ist zu unterscheiden von der empirischen Frage, inwieweit ein konkretes Individuum die Fähigkeit zur Wahrnehmung von Autonomie hat. Letztere ist bei geistig behinderten Menschen vermindert und es kann demzufolge auch davon ausgegangen werden, dass diese eine eingeschränkte Autonomie haben, u. a. deshalb, weil sie nicht in der Lage sind, diese selber einfordern zu können. In unserem Fall kommt das Problem hinzu, dass über eine Intervention bei einem minderjährigen Mädchen befunden wird, das juristisch gesehen nicht urteilsfähig ist. Doch auch hier muss zwischen dem rechtlichen Begriff der Urteilsfähigkeit und der Fähigkeit zur Selbstbestimmung unterschieden werden. Letztere kann bei Kindern durchaus vorhanden sein. Deshalb spielt die Ansicht des Kindes bei solchen Entscheiden auch eine Rolle, obgleich juristisch gesehen die Entscheidungsgewalt bei den Eltern liegt.

Die Berücksichtigung des Autonomieprinzip nach Beauchamp und Childress bedeutet in unserem Fallbeispiel nun zweierlei: Erstens, kann das Mädchen eine informierte Zustimmung zur Intervention geben? Zweitens, beeinflusst der Eingriff in positiver oder negativer Weise die künftige Autonomiefähigkeit des Mädchens? Bei der ersten Frage stellt sich das Problem, dass das Mädchen nicht nur rechtlich urteilsunfähig ist, sondern aufgrund der geistigen Behinderung auch die Fähigkeit zur Wahrnehmung der Autonomie nur sehr eingeschränkt hat. Insbesondere ist es offenbar nicht in der Lage zu antizipieren, was der Eingriff für sein künftiges Leben überhaupt bedeutet. Eine informierte Zustimmung zu dieser Frage scheint deshalb nicht möglich zu sein, so dass stellvertretend für das Mädchen entschieden werden muss. Der Haltung der Mutter ist dabei ein grösseres Gewicht beizumessen als derjenigen der Heilpädagogin bzw. der Lehrmeinung der heilpädagogischen Wissenschaft, die ja letztendlich nur in einem Dienstleistungsverhältnis zu dem geistig behinderten Mädchen steht.

Eine Antwort auf die zweite Frage ist ebenfalls nicht einfach, denn die Lebensoptionen, die ein erwachsener Körper ermöglicht, könnten aufgrund der Behinderung ja gar nicht in derselben Weise genutzt werden wie bei einem „normalen" Menschen. Beispielsweise eine Mutterschaft erscheint ausgeschlossen. Auch bietet ein „kindlicher Körper" durchaus Möglichkeiten zur Auslebung einer gewissen Autonomie. Andererseits würde das Mädchen im Vergleich selbst zu anderen Behinderten, bei denen kein solcher Eingriff unternommen worden ist, im Erwachsenenalter ein anderes Erscheinungsbild und damit auch andere Lebensoptionen im Alltag haben. So könnte die „erleichterte Fürsorge" in der Selbstwahrnehmung des dann erwachsenen Mädchens als Verminderung der Autonomie im Vergleich z. B. mit den anderen Heimbewohnern angesehen werden. So gesehen spricht das Autonomieprinzip gegen den Eingriff.

3.4 Gerechtigkeit

Das Gerechtigkeitsprinzip beurteilt den gegebenen Fall unter dem Aspekt der Verteilungsgerechtigkeit und der Mittelzuteilung. Es geht also um die Frage, ob die durch den Eingriff ermöglichte Erleichterung der Betreuung, was ja auch mit einem geringeren Ressourceneinsatz einhergeht, ein ethisch bedeutsamer Punkt in der Argumentation sein kann. Aus meiner Perspektive kann die Einsparung von Ressourcen kein Argument dafür sein, dass ein Mensch mit Behinderung mittels medizinischer Eingriffe künstlich klein (jung?) gehalten wird. So ein Eingriff erscheint mir vor dem Hintergrund der Möglichkeiten, die eine Gesellschaft hat, die sich zu den westlichen Industriestaaten zählt, keinesfalls gerechtfertigt zu sein. Der Eingriff in die natürliche Entwicklung dieses Menschen wiegt volkswirtschaftliche Bedenken nicht auf.

Nun könnte man aber auch noch einen individuellen Aspekt der Gerechtigkeit anfügen. D. h. wenn man die Sicht der Mutter einnimmt, so könnte man argumentieren, dass bei einem normal sich entwickelnden Kind der Betreuungsaufwand mit zunehmendem Alter des Kindes immer weiter abnimmt. Bei einem Kind, insbesondere auch mit einer schwereren (Körper- bzw. Mehrfachbehinderung) ist dies nicht der Fall – was die Mutter ja auch festhält. Mit anderen Worten: Es ergibt sich hier eine Ungerechtigkeit gegenüber dieser Mutter (Eltern) im Vergleich zu denjenigen Müttern (Eltern), die ein nicht-behindertes Kind haben. Diese Ungerechtigkeit legitimiert natürlich die Forderung, dass es eine Aufgabe der Gesellschaft ist, die Mutter mit dem behinderten Kind dahin gehend zu unterstützen, dass sie den Wunsch nach einer künstlichen Verlangsamung bzw. einem Entwicklungsstopp ihres Kindes nicht mehr hat. Aus meiner Erfahrung weiss ich aber, dass auch durch noch so viel Unterstützung ein nicht zu unterschätzender Mehr-Aufwand für diese Mütter (Eltern) verbleiben wird. Die Gesellschaft wird nie so viel an Unterstützung bieten können, dass diese schicksalhaft sich ergebende Ungerechtigkeit aufgehoben werden könnte. So bleibt für mich – obwohl ich den Wunsch der Mutter nach künstlicher Verlangsamung der Entwicklung nicht teile – doch ein grosses Mass an Verständnis übrig.

3.5 Das Argument der „Natürlichkeit"

Zusätzlich zu den vier Prinzipien von Beauchamp und Childress scheint bei diesem Fall ein weiterer Gesichtspunkt ethisch relevant: Ist es gerechtfertigt, in die „natürliche" biologische und psychologische Entwicklung des Mädchens einzugreifen? Diese Frage impliziert, dass die „natürliche Entwicklung" einen besonderen moralischen Status hat. Eine Abstützung allein nur auf dieses Argument verletzt aber die Sein-Sollens-Schranke. Damit ist gemeint, dass von einem Sein, d. h. die hier zur Disposition stehenden biologischen Vorgänge, nicht auf ein Sollen geschlossen werden kann. Die Tatsache, dass ein natürlicher Prozess auf eine bestimmte Weise abläuft, ist kein Argument dafür, dass der Prozess so ablaufen soll. Bei vielen Infektionen beispielsweise würde der natürliche Verlauf zum Tode führen – und das ethische Erfordernis ist eben gerade, in diesen Prozess heilend einzugreifen. Entsprechend sind die Motive für den Eingriff sowie seine Ziele in moralischer Hinsicht relevant, während die Tatsache, dass der Eingriff einen natürlichen Prozess verändert, ethisch nicht relevant ist.

4. Fazit

Unsere Analyse hat folgendes ergeben: Zentral für diesen Fall ist einerseits das Prinzip der Fürsorge – also die Frage, ob durch den Eingriff die Pflege und Betreuung des Mädchens aus Sicht der betroffenen Person künftig besser ist als ohne solchen Eingriff. Andererseits verbietet das Prinzip des Nichtschadens den Eingriff, wenn klare Hinweise dafür bestehen, dass dieser schädigende körperliche oder psychische Nebenfolgen hat. Das Autonomieprinzip ist in diesem Fall nur schwer anzuwenden und letztlich führt das ethische Argument zurück auf die beiden Punkte Fürsorge und Nichtschädigung. Das Gerechtigkeitsprinzip wie auch das „Argument der Natürlichkeit" spielen hier eine eher geringe Rolle.

Geht man also davon aus, dass eine medikamentöse Beeinflussung des geistig behinderten Mädchens keine Nebenschädigungen verursacht, ist es die alleinige Entscheidung der Mutter, ob sie zum Mittel der Entwicklungsverzögerung bzw. -verhinderung greifen will oder nicht. Die SAMW geht von dem ethischen Grundsatz aus, dass bei einer Person, die sich nicht selber äussern kann, eine medizinische Massnahme nur dann durchgeführt werden kann, wenn eine Abwägung von Nutzen und Risiken bzw. Belastungen erfolgt ist. Ausschlaggebend für die Entscheidung ist allein die Angemessenheit der Behandlung für die betroffene Person selbst, d.h. der Nutzen muss klar überwiegen und die Risiken und Belastungen müssen vertretbar sein.

Ein klares ethisches Argument gegen den Eingriff ist meines Erachtens unter den oben geäusserten Voraussetzungen nicht gegeben. Es gibt aber auch kein Argument dafür, wonach es gefordert ist, einen solchen Eingriff zur Regel zu machen. Eine Wachstumsverzögerung – sollte eine solche dereinst als Option zur Verfügung stehen – wird wohl nur in ausgewählten Fällen gerechtfertigt werden können.

Die Auswirkung des technischen Fortschritts auf lernschwächere Menschen

Über viele Jahrzehnte ist die seit der industriellen Revolution stark beschleunigte technologische Entwicklung als zentraler Fortschritt der modernen Welt betrachtet worden. Seit etwa den 1960er Jahren ist die Fortschrittseuphorie – vorab gegenüber Grosstechnologien wie Atomkraft und Chemieindustrie – zwar zunehmend auf Skepsis gestossen. Ganz sicher ist aber, dass die eingeführten Technologien das gesellschaftliche Leben nachhaltig beeinflussten und veränderten.

Insbesondere der Computer und die elektronische Kommunikation verändern die Produktion von Wissen wie auch die Wahrnehmung der Lebenswelt auf geradezu revolutionäre Weise. Schrift, Musik, Bild und Film werden als vormals materielle Erzeugnisse menschlicher Vorstellung mehr und mehr in die Virtualität transportiert. Ob wir diese Entwicklung gutheissen oder nicht – die Frage bleibt letztlich, ob es möglich ist, diese Revolution vorurteilsfrei und konstruktiv zu verarbeiten und zu lenken. Dieser Punkt soll nachfolgend mit Blick auf die Auswirkungen des Fortschritts vorab in der Informations- und Kommunikationstechnologie auf behinderte Menschen diskutiert werden.

1. Teilen die modernen Technologien Menschen mit Behinderung in zwei Gruppen auf?

Um der Beantwortung dieser Frage näher zu kommen, müssen wir uns vor Augen halten, welche Voraussetzungen heute notwendig sind, um sich moderne Technik nutzbar machen zu können. Hier ergibt sich nun eine Diskrepanz zwischen sogenannten Sinnes- und Körperbehinderten einerseits und den lern- und/oder geistig behinderten Menschen andererseits. Ich vertrete hier die Meinung, dass die Entwicklung moderner Technologien diese beiden Behindertengruppen auseinander dividiert und scharf voneinander trennt.

Menschen mit einer Körper- oder Sinnesbehinderung sind in der Lage, sich moderne Technologien nutzbar zu machen. Beispiele hierfür aufzuzeigen ist einfach. Bereits der Rollstuhl in seinen unterschiedlichsten Variationen kann hier stellvertretend für eine Unzahl von unterstützenden Geräten genannt werden. Moderne Technologien haben es Menschen mit einer Körper- oder Sinnesbehinderung ermöglicht, ihre Integration voranzutreiben, dies insbesondere natürlich im Berufs- und Arbeitsleben aber auch in der Freizeit und in der Kommunikation mit ihrer Umwelt und ihren Mitmenschen. Exemplarisch sei hier auf blinde Menschen hingewiesen, die durch moderne Technologien zu neuen Berufsfeldern gefunden haben. Auch in der Sonderpädagogik gibt es vielfältige Anwendungsmöglichkeiten von elektronischen Geräten.[1]

Betrachten wir nun aber die zweite Gruppe behinderter Menschen, jene mit einer Lern- bzw. geistigen Behinderung. Hier findet meines Erachtens das genaue Gegenteil im Vergleich zur Gruppe der Körper- und Sinnesbehinderten statt. Es erfolgt aufgrund einer zunehmenden Dominanz moderner Technologie in verschiedenen Lebensbereichen eine „Dequalifikation", eine zunehmende Separation und Marginalisierung dieser Gruppe.

2. Moderne Technologien sondern lern- und geistig behinderte Menschen aus

Um in einer hochtechnologisierten Welt leben zu können, ist die Fähigkeit notwendig, abstrahierend zu denken. Damit unmittelbar einher geht in der modernen Industriegesellschaft die Abnahme manueller Funktionen wie Handarbeit und manueller Transport. Abstrahierendes Denken wird zunehmend verlangt, da Maschinen, die früher von Hand be-

---

[1] Siehe dazu Bonfranchi, R.: Computer-Didaktik in der Sonderpädagogik, Luzern 1995.

dient werden mussten, heute mehr und mehr selbständig arbeiten. Das bedeutet eine Zunahme der die Produktionsprozesse steuernden und überwachenden Funktionen.

Da Arbeitsabläufe immer mehr automatisiert ablaufen, ergibt sich auch eine Zunahme technischer, den Produktionsprozess vorbereitender Aufgaben. Einfache Regelungsfunktionen, die bisher von Menschen übernommen worden waren, werden heute von elektronischen Maschinen verrichtet, die wiederum von Menschen überwacht und kontrolliert werden müssen. Das bedeutet in der Praxis eine ungeheure Zunahme an Verantwortung gegenüber diesen Automaten. Zum richtigen Zeitpunkt die richtige Entscheidung zu fällen, kann entscheidend sein für Verlust oder Gewinn hoher Summen. Diese Maschinen müssen in ihrem normalen, aber vorab auch in ihrem nicht-normalen Funktionieren verstanden und beurteilt werden können. Langes Überlegen oder falsche Entscheidungen können den gesamten Produktionsprozess massiv stören.

Die fortschreitende Automatisierung führt deshalb dazu, dass tendenziell immer höhere Qualifikationen von Mitarbeitern verlangt werden. So sind heute die folgenden Schlüsselqualifikationen von grosser Bedeutung – man halte sich beim Lesen das Bild von lernbeeinträchtigten Menschen vor Augen:

– höhere mathematische Fähigkeiten als früher
– Arbeitsabläufe müssen im Kopf durchgespielt werden können
– Arbeiten im Team; dabei muss – im Gegensatz zur Fliessbandarbeit – jeder einzelne wissen, was der andere tut
– die eigene Arbeit muss selbständig vorbereitet und geplant werden
– Informationen zur Arbeitsvorbereitung müssen selbständig abgefragt und koordiniert werden
– vernetzt denken
– urteilsfähig sein
– lebenslanges Lernen.

Diese Anforderungen bedeuten für lern- und geistig behinderte Menschen eine Verminderung der Zahl der Arbeitsplätze und Tätigkeitsfelder. Verarmung und weitere Ausgrenzung können die Folge sein. Der Entfremdungsprozess – fremd sein in dieser Welt – wird weiter fortschreiten. Früher wurde der Anpassungsprozess eines lernschwächeren Menschen an die technologische Entwicklung dadurch erleichtert, dass ihm eine längere Zeitspanne dafür zur Verfügung stand. Heute aber kennzeichnen Hektik und ständiger Wechsel das Geschehen. Wie können lernschwächere Menschen damit umgehen? Diese Entwicklungen lösen sicher auch Ängste vor der Zukunft aus, nicht zuletzt bei den Eltern dieser Menschen.

Moderne Technologie hat demnach zwei Seiten. Sie stellt für die Bewältigung der Zukunft einen Schlüssel dar. Aber nur wer in der Lage ist, mit diesem Schlüssel auch umzugehen, dem öffnen sich neue Türen. Dem anderen werden sie verschlossen bleiben.

3. Sechs Thesen

Ich fasse diese Überlegungen in sechs Thesen zusammen:

1. Die Auswirkungen moderner Technologien, insbesondere auf lernschwächere Menschen im Arbeits- und Privatbereich sind evident.
2. Dabei verändert sich die Bewältigung der Umwelt nicht nur durch die zunehmende Bedeutung von Computern; es ist eine allgemeine Komplexitätszunahme bei der Lebensbewältigung festzustellen.
3. Es besteht die Gefahr, dass insbesondere lernschwächere Menschen durch diese technologische Revolution verstärkt ins Hintertreffen geraten. Es findet damit eine weitere Marginalisierung dieser Menschen statt.
4. Dies hängt u.a. mit einer fortschreitenden Automatisierung insbesondere in handwerklich und intellektuell wenig anspruchsvollen Tätigkeitsfeldern zusammen, was zur Dequalifizierung oder Arbeitslosigkeit (Sockel-Arbeitslosigkeit!) lernschwächerer Menschen führen kann.[2]

---

2   Man spricht hier, insbesondere in Deutschland, von einer Zwei-Drittels-Gesellschaft und meint damit, dass etwa ein Drittel der arbeitsfähigen Gesellschaft zwischen kurzer Zeit der Beschäftigung und Arbeitslosigkeit hin und her pendeln wird. Mit diesem Sachverhalt wird unter anderem für ein Grundeinkommen, das nicht an Arbeit gekoppelt sein soll, argumentiert. Diese Gedankengänge können hier aber nicht weiter verfolgt werden.

5. Demgegenüber steht eine Zunahme an Anforderungskomponenten wie Flexibilität, Team-Fähigkeit, dauernde Lernbereitschaft, grösseres Symbolverständnis und abstrahierendem Denkvermögen.
6. Pointiert könnte man sagen: Die Intelligenten werden immer intelligenter; die Dummen immer dümmer.

Es ist deshalb notwendig, dass man sich Gedanken dazu macht, wie lernschwächere Menschen in Zukunft an den zunehmend durch Informations- und Kommunikationstechnologie geprägten Lebens- und Arbeitssituationen teilhaben können.

Warum wissen wir so wenig über Ausmass und Erfolg von Integrationsmassnahmen?

1. Eine bemerkenswerte Beobachtung

Das Bildungswesen hat in den vergangenen Jahren einen enormen Boom an Mess- und Evaluationsmassnahmen erlebt. Ob Lernerfolg, Akademikerquote oder PISA-Vergleich – es gibt kaum einen Bereich, den man nicht mit Fakten und Statistiken abdecken will. Angesichts dieser Entwicklung fällt aber auf, dass empirische Daten zur Integration von geistig behinderten Kindern in die Regelschule kaum vorhanden sind. Gemäss meinem Wissen fehlt es weitgehend an statistischen Erhebungen, wie viele Kinder mit geistiger Behinderung integriert sind, bzw. bei wie vielen Kindern der Integrationsversuch abgebrochen wird und wieder in eine Heilpädagogische Sonderschule umplatziert werden. Die Tatsache, dass die Schulhoheit nach wie vor bei den Kantonen bzw. bei den Gemeinden liegt, scheint mir als Grund für diesen Sachverhalt nicht ausreichend zu sein, da ja zu anderen Themen im Bildungsbereich durchaus Daten vorliegen, die unter der gleichen Voraussetzung gewonnen werden.

Dieses Fehlen an Zahlen zeigt sich auch mit Blick auf die wissenschaftliche Praxis. So ist beispielsweise bei der Integras-Tagung „Integration – Wunsch und Wirklichkeit" vom Juni 2008 bei keinem einzigen(!) Referat auf empirisches Datenmaterial zurückgegriffen worden. Auch in den beiden Nummern der Zeitschrift ‚insieme' (Zeitschrift über Fragen der geistigen Behinderung) vom März und Dezember 2008, in denen jeweils explizit Beiträge zur Integration von Kindern mit geistiger Behinderung veröffentlicht wurden, findet sich kein Bezug zu irgendwelchem statistisch aufbereitetem Datenmaterial. In der Veröffentlichung der Bildungsdirektion Zürich „Die Schulen im Kanton Zürich 2008/09" sind ebenfalls keine Zahlen zur Integration zu finden. Lediglich in einem Bericht von Elsbeth Zurfluh (2008) findet sich auf der vierten

Seite eine einzige Tabelle, aus der ersichtlich ist, dass im Zeitraum von 1998 bis 2008 23 Integrationsklassen eröffnet wurden. Unter „Integrationsklassen" versteht man eine Klasse, in der jeweils vier Kinder mit einer Behinderung integriert worden ist – demnach wären in Basel während 10 Jahren gut 90 Kinder integriert worden. Inwieweit es sich um Kinder mit einer geistigen Behinderung oder einer Sinnes-, Körper- oder Lernbehinderung handelt, wird aus der von Zurfluh vorgelegten Tabelle nicht ersichtlich.

Auch in der heilpädagogischen Standardliteratur zu Integration finden sich kaum Daten. Das sicherlich wichtige Buch von Bless (1994) setzt sich mit der Integration von Kindern mit geistiger Behinderung nicht auseinander, sondern beschränkt sich weitgehend auf die (sicherlich nicht unwichtige) Darstellung von Kindern mit Lernschwierigkeiten in einem regelschulischen Kontext.[1] Die Veröffentlichung von Feuser (1995) behandelt vor allem ideologische Fragestellungen und erhebt keinerlei Anspruch auf die Darstellung empirischer Grundlagen. In der Publikation von Filippini Steinemann (1995) werden auf 17 Seiten empirische Daten aus Italien aufgezeigt, die dem entsprechen würden, was wir uns für die Schweiz wünschen würden. Es kann somit festgehalten werden, dass ältere und damit auch wegweisende Veröffentlichungen zum Thema Integration sich – mit Ausnahme von Filippini Steinemann – kaum um den Nachweis empirischer Grundlagen gekümmert haben. Die Diskussion um Integration findet also weitgehend auf einer geisteswissenschaftlich-ideologischen Ebene statt.

2. Eine Ausnahme aus Deutschland

Eine wichtige Ausnahme gibt es allerdings. Sie stammt aus Deutschland und wurde im Oktober 2008 in der Zeitschrift ‚Geistige Behinderung' veröffentlicht. Vorgestellt wurde eine gross angelegte Studie der Kultusministerkonferenz (vergleichbar mit der Erziehungsdirektorenkonferenz der Schweiz), durch die statistische Daten zur sonderpädagogischen Förderung in Schulen erhoben wurden, die sich ausschliess-

---

[1] Dieses Buch wurde 2007 in der 3. Auflage unverändert veröfentlicht.

lich auf integrierte Kinder mit einer geistigen Behinderung beziehen. Motiv der Studie war, dass die Integration nicht in dem Masse voranschreitet, wie es sich ihre Protagonisten gewünscht haben.

Das Fazit der Studie, die alle Bundesländer der Bundesrepublik Deutschland umfasste, ergab, dass die Integration von Kindern mit einer geistigen Behinderung in eine Regelschule (lernbehinderte Kinder wurden nicht erfasst) in lediglich 2,8% der Fälle erfolgt ist und diese Quote im Zeitverlauf stagnierte. Die Autoren der Studie halten fest, „dass der Anteil integrativ unterrichteter Schüler(innen) mit Förderschwerpunkt ‚Geistige Entwicklung' in den letzten Jahren nicht mehr anwachse, in nicht wenigen Regionen inzwischen sogar rückläufig sei" (Frühauf 2008, 46ff.). Mit anderen Worten: Die wohl einzige Studie mit umfassendem Datenmaterial über den Erfolg von Integration gibt ein sehr ernüchterndes Bild. Über mögliche Gründe, warum dies so ist, gibt die Studie keine weitere Auskunft.

Interessant ist übrigens die Feststellung der Studie, wonach der Anteil von geistig behinderten Kindern am Gesamttotal aller Kinder im Laufe der letzten 10 Jahre kontinuierlich gestiegen ist. Unter der Annahme, dass die Kriterien für „geistig behindert" sich nicht verändert haben, bedeutet dies, dass es trotz pränataler Diagnostik ein Anstieg an Geburten von Kindern mit einer geistigen Behinderung gibt. Dies ist wohl auch auf die Fortschritte der Medizin im Bereich Neonatologie zurückzuführen (Bonfranchi 2005), Frühgeburten also vermehrt überleben, dies aber zum Preis von Schädigungen. Konkret bedeutet dies, dass der Anteil der Kinder mit geistiger Behinderung von 0,7 auf 0,9% aller Geburten angestiegen ist.

3. Eine Kluft zwischen Wunsch und Wirklichkeit?

Mit Blick auf die Datenlage ergibt sich somit eine interessante Feststellung. Zum einen nimmt die Integration von geistig behinderten Kindern insbesondere bei Theoretikern der Hochschulen bzw. der Ämter (Bildungs- und Erziehungsdirektionen) einen hohen Stellenwert ein. Von dieser Seite her ist es geradezu geboten, dass ein Kind mit geistiger Behinderung integriert werden muss. Zum anderen ist das Interesse, den Erfolg dieser Zielvorgabe zu prüfen, erstaunlich gering, insbesondere wenn man dies mit dem Messeifer in anderen Bildungsbereichen vergleicht. Könnte dies damit zusammenhängen, dass die Kluft zwischen Wunsch und Wirklichkeit – nimmt man die deutsche Studie hierfür als Indiz – derart gross ist, dass niemand sie sehen will?

Betrachtet man die Lebenssituation von Menschen mit einer geistigen Behinderung in unserer Gesellschaft realistisch, so ist unschwer zu konstatieren, dass diese in unserer hochkomplexen und schnelllebigen Zeit, die zudem auch sehr auf intellektuelle Leistungen Wert legt (vgl. den Beitrag ab Seite 101), als Aussenseiter dastehen. Das scheint mir ein Faktum zu sein, das nicht wegzudiskutieren ist. Ausgehend von diesem Sachverhalt ergibt sich nun die Forderung nach Teilhabe, nach Integration, nach Inklusion. Dies sind alles Zielvorgaben bzw. Ideologien, die nicht per se falsch sind. Für mich stellt sich eher die Frage, wie sie methodisch umzusetzen sind. Hier sind nun – und ich wähle diese Begrifflichkeit mit Bedacht und Absicht – „Alt-Achtundsechziger" oder von deren Ideologie beeinflusste Personen mittlerweile in Positionen gerückt, in denen sie bestimmen können, dass Kinder mit einer geistigen Behinderung voll-integriert werden sollen. Ob dies, von einer methodischen Seite her betrachtet, Sinn macht oder nicht, erscheint hierbei nebensächlich: Hauptsache diese Kinder sind integriert und man fühlt sich gut dabei, weil Aussonderung per se moralisch verwerflich ist – mit Recht. Aber werden denn Menschen mit einer geistigen Behinderung absichtlich ausgesondert? Ich glaube nicht. Es sind doch wohl eher die Umstände, die dazu führen, dass eine geistig behinderte Person an vielen Dingen, die unser Alltagsleben bestimmen, nicht teilhaben kann. Das wiederum heisst natürlich nicht, dass man nicht bestrebt sein soll, die Teilhabe dieser Menschen so weit wie möglich zu realisieren. Dieses Gebot steht hier nicht zur Debatte.

Die Frage ist nun aber, in welchen gesellschaftlichen Bereichen und auf welche Weise Integration geschehen soll. Diesbezüglich spitzt sich der Streit dann zu, wenn die Integration in einem Umfeld zu geschehen hat, das massgeblich durch Intellektualität gekennzeichnet ist, nämlich die Schule. Diese ist heute – vielleicht sogar noch mehr als früher – durch Selektion und Anpassung gekennzeichnet. Wer wird Bäcker, wer wird Strassenbahnfahrer, wer wird Journalist, wer Rechtsanwalt, Arzt, oder Lehrer? Deshalb ergibt sich für mich die Frage: Warum sollen Menschen, deren Hauptbehinderung darin besteht, dass sie intellektuell nur über ein eingeschränktes Niveau verfügen, in den Bereich integriert werden, in dem gerade diese Minderleistung am stärksten auffällt?

Ich denke, für diesen Wunsch nach Integration ist der folgende Grund ausschlaggebend. Wie bereits erwähnt, sind nun diejenigen Menschen, die durch die 68er-Ideologie geprägt worden sind, insbesondere im Sozial- und Bildungssektor in den beruflichen Positionen angekommen, wo sie die Macht haben, Integration umzusetzen. Es fällt dabei auf, dass in anderen Gebieten – wie zum Beispiel beim Wohnen, im Arbeitsmarkt, oder im Freizeitbereich – die Integrationsbemühungen nie dasselbe Ausmass wie im Bildungssektor erreichen. Dies unter anderem deshalb, weil in diesen Bereichen mehr unabhängig entscheidende Akteure sind und sie weit mehr einem freien Markt unterworfen sind. Man kann also nicht gleichermassen eingreifen, wie man dies im Bereich der Schule tut. Die Integration von Kindern mit einer geistigen Behinderung wird dadurch nicht zu einer organisch gewachsenen Entwicklung, sondern resultiert aus einem Erlass eines Ministeriums, einer Bildungs- oder Erziehungsdirektion. Integration ist also eine klassische top-down-Angelegenheit. Dies bedeutet auch, dass solche Massnahmen kaum nachhaltig sind, wie der kürzliche Rückzieher der Zürcher Bildungsdirektion in Sachen Integration zeigt. Wenn der politische Wind sich dreht, kann die ganze Angelegenheit wieder anders beurteilt werden.

Betrachten wir diese Frage noch von einer anderen, einer tiefenpsychologischen Seite her. Die Verordnung einer vollen und meines Erachtens nicht den Bedürfnissen von geistig behinderten Kindern entsprechenden Integration im Bildungswesen könnte deswegen von dieser Gruppe von Alt-68ern beeinflusst worden sein, weil diese – und mit ihr eventuell die ganze Gesellschaft – ein schlechtes Gewissen hat, da die Integration insbesondere von Menschen mit einer geistigen Behinderung im Grunde gar nie stattgefunden hat. So gesehen, wäre die auf die Regelschule beschränkte Integration eher eine Kompensationsleistung denn eine wirkliche Integration. Damit werden also unbewusste Kräfte angesprochen, die durch ein kollektives Sich-Wohl-Fühlen dahin geleitet werden, dass man wenigstens diese Kinder – wenn auch oft nur über einen bestimmten Zeitraum – am Leben einer mehr oder weniger regelhaften, sich auf einem bestimmten intellektuellen Niveau befindenden, funktionierenden Gemeinschaft teilhaben lässt. Es ist dabei egal, wie viel diese Menschen davon profitieren bzw. kognitiv verarbeiten können. Eine solche „Integration" wäre gewissermassen die Beruhigung eines kollektiv schlechten Gewissens. Diese Interpretation wird durch die Beobachtung gestützt, wie die ersten Bemühungen zur Integrationen von Kindern mit einer geistigen Behinderung vor etwa zehn Jahren jeweils von der Presse bzw. dem Fernsehen aufgegriffen worden sind. Diese Berichte hatten jeweils mit der Alltags- und Lebenswirklichkeit der meisten dieser Kinder gar nichts zu tun. Sie wurden teilweise einem richtiggehenden „Starkult" ausgesetzt, was eher in ein Exotentum denn eine Integration resultiert hat. Von der Öffentlichkeit wurde das aber nie so wahrgenommen, vielmehr wurde das Gefühl suggeriert, dass diese Kinder nun ebenfalls in der Regelschule angekommen sind. Welch verhängnisvoller Irrtum! Wenn danach ein Kind mit geistiger Behinderung wieder in eine Heilpädagogische Sonderschule „umplatziert" wurde, waren die Medien natürlich abwesend. Dass zudem schwerst- und mehrfach behinderte Kinder gar nie in die Integrationsdiskussion miteinbezogen wurden, fiel ebenfalls kaum jemandem auf.

Als weiteren Hinweis dafür, dass es sich bei der jetzt durchgeführten schulischen Integration von geistig behinderten Kindern um eine Kompensationsleistung handelt, gilt meines Erachtens die Tatsache, dass es im nachschulischen Bereich – also der geschützten Werkstätten bzw. der Wohnheime für erwachsene Menschen mit geistiger Behinderung – keine Integrationsdiskussion gibt, die mit derjenigen in der Schule vergleichbar wäre. Wenn es denn den betreffenden Leuten auf den Bildungsdirektionen um eine wirkliche Integration geht, so müssten sie deutlich mehr den Kontakt zu nachschulischen Institutionen führen, damit die in der Regelschule begonnene Integration ihre Fortsetzung finden kann. Dies geschieht aber überhaupt nicht.

Ein schliesslich oft genanntes Argument pro Integration ist, dass durch den Einbezug behinderter Kinder in der Regelschule nichtbehinderte Kinder einen einfacheren Umgang mit Menschen mit Behinderung erlernen können, was sich dann entsprechend im Erwachsenenalter positiv auswirkt. Dieses Argument ist sicherlich nicht falsch, aber dennoch fragwürdig. Der Punkt ist ja nicht, dass Integration verhindert werden soll, sondern meine Kritik richtet sich gegen die Annahme, dass diese in einem ausschliesslich von Intellektualität beherrschten Feld zu geschehen hat. In der Tat sollten behinderte und nichtbehinderte Kinder regelmässig Kontakt zueinander haben und die Schule kann hierzu sicherlich ihren Beitrag leisten. Gleichzeitig geht es aber auch darum, dass die Förderung geistig behinderter Kinder ein höchstmögliches Optimum erreichen soll. Entsprechend ist der Kontakt über andere Begegnungsgefässe zu verwirklichen.

Kehren wir nun zur Eingangsfrage der fehlenden empirischen Daten im Integrationsbereich zurück. Angesichts der obigen Ausführungen, wonach es sich bei der Integration von Kindern mit einer geistigen Behinderung nicht um eine reale und nachhaltige Integration handelt, spielt es eben gar keine Rolle, ob man über genügend Daten verfügt oder nicht. Das Ziel besteht vielmehr darin, sich für eine gewisse Zeit „gut zu fühlen". Zahlen, die vielleicht sogar aussagen, dass die Integration gar nicht im erwünschten Ausmass funktioniert, sind hierzu nicht erwünscht. Eine empirische Untersuchung dieser Frage hätte meiner Vermutung nach zudem die Auswirkung, dass sich (zu) viele Praktiker kritisch zu den Integrationsbemühungen äussern würden, was möglicherweise von den Initiatoren der Integrationspolitik gar nicht erwünscht wäre.

Literatur

Bildungsdirektion Kanton Zürich (2009): Bildungsplanung. Die Schulen im Kanton Zürich 2008/09. Kanton Zürich.
Bless G. (1995): Zur Wirksamkeit der Integration. Forschungsüberblick, praktische Umsetzung einer integrativen Schulform. Untersuchungen zum Lernfortschritt. Bern.
Bonfranchi R. (2005): Gedanken über zukünftige Entwicklungen der Klientel in der Heil- und Sonderpädagogik. Zeitschrift für Heilpädagogik, 2005/10: 24–29.
Filippini Steinemann C. (1995): Es ist normal, verschieden zu sein. Die Integration von Schülern und Schülerinnen mit Behinderung in der öffentlichen Schule in Italien. Luzern.
Frühauf T. (2008): Schülerinnen und Schüler mit dem Förderschwerpunkt ‚Geistige Entwicklung' in Sonderschulen und in allgemeinen Schulen. Gemeinsamer Unterricht bundesweit weiterhin auf niedrigem Niveau. Geistige Behinderung 04/08: 301–318.
Integras (2008): Integration – Wunsch und Wirklichkeit. Eine Ausgeordnung. Referate der Integras-Tagung Sonderschulung 2008. Extra-Bulletin Nr. 28.
Santi F.: Stolpersteine auf dem Weg zur Integration. Zwar ist die schulische Integration in aller Munde. Bei der konkreten Umsetzung treten jedoch zahlreiche Probleme auf. insieme, 4/08, 30.
Zeilinger S. (2008): Schulische Integration ist möglich. insieme, 1/08, 8 ff.
Zurfluh E. (2008): 10 Jahre Integrationsklassen. Erfahrungen und Ergebnisse. Erziehungsdepartement des Kantons Basel-Stadt (Hrsg.). Basel 2008.

Warum tut sich unsere Gesellschaft so schwer, Menschen mit einer geistigen Behinderung zu integrieren?

Wenn von Integration geistig behinderter Menschen gesprochen wird, muss man genauer differenzieren, in welchen gesellschaftlichen Bereichen Schwierigkeiten mit Blick auf Integration zu erwarten sind. Menschen mit einer geistigen Behinderung fallen vor allem hinsichtlich dreier solcher Bereiche auf: ihre offensichtliche Intelligenzschwäche, ihr Unvermögen, einer Arbeit auf dem freien Arbeitsmarkt nachgehen zu können sowie ihr oft unvorteilhaftes Äusseres. Es wird nachfolgend von der These ausgegangen, dass die mit diesen Bereichen verknüpften Werte Intelligenz, Arbeitstugend und Schönheit in unserer Gesellschaft einen hohen Stellenwert haben. Wenn nun ein Mensch bzw. eine Gruppe von Menschen permanent gegen diese Werte verstösst – ob beabsichtigt oder nicht spielt keine Rolle – so kommt es zu Aussonderungsprozessen, die man im Umgang mit geistig behinderten Menschen tagtäglich antreffen kann.

Ein deutlicher Hinweis für diese Aussonderung ist die Tatsache, dass Menschen mit einer geistigen Behinderung kaum in der Schule, in der freien Wirtschaft oder in Wohnquartieren anzutreffen sind. Der Grad der Behinderung, der oft als Grund für diesen Sachverhalt angeführt wird, überzeugt nicht. Viele geistig behinderte Menschen könnten vermehrt integriert werden, aber es geschieht nicht – und dies, obwohl wir heute bezüglich anderer Behindertengruppen eine verstärkte Sensibilität hinsichtlich Integration feststellen können. Wenn sich die Gesellschaft also nicht vermehrt Gedanken darüber macht, dass Intelligenz, Arbeitstugend und Schönheit relative Begriffe sind, werden Menschen, die unter einer gewissen Norm liegen, weiterhin ausgesondert bleiben.

Ein Nachdenken über diese Frage ist nicht einfach, denn zivilisierte Menschen sind nun mal gesittet, gebildet und „haben Kultur" (Duden 1997, 862). Schlaue, fleissige und schöne Menschen werden ihrer Leistung und Qualität entsprechend mit Kapital belohnt. Glücklich schätzen kann sich somit, wer möglichst alle diese Attribute vorzuweisen hat: Wer intelligent, tüchtig und schön ist, dem ist Erfolg sowohl im beruflichen als auch privaten Bereich weitgehend garantiert. Erfolg wiederum bedeutet Ansehen, Bestätigung, gestärktes Selbstbewusstsein und liefert Energie; eine Antriebskraft also, die uns anspornt, weiterhin fleissig zu arbeiten, intellektuell aktiv zu sein und „makellos" schön zu bleiben.

1. Was ist Intelligenz?

Gemäss dem „Brockhaus" (1993, 390) umfasst Intelligenz „Verständnis, Erkenntnis, Denkfähigkeit und Klugheit". Intelligenz hängt also mit Fertigkeiten und Aktivitäten des Menschen zusammen wie schlussfolgerndes Denken, Problemlösen und Anpassungsfähigkeit an neue Situationen und Bedingungen. Trotz allen Bemühungen gibt es aber bis heute noch keine objektive, allgemein gültige und in Wissenschaft und Praxis anerkannte Definition von Intelligenz, die uns für die Erklärung des Phänomens der geistigen Behinderung hilfreich wäre. Intelligenz ist für die meisten Menschen ein positiver Begriff – etwas, das in den Bildungsinstitutionen gefördert und entwickelt werden sollte, aber eventuell auch etwas „Gott-Gegebenes", also „In die Wiege Gelegtes".[1]

In diesem Zusammenhang gilt zu bedenken, dass IQ-Tests und schulische Beurteilungen klassischer Art kaum prognostische Aussagen über den Berufs- und Lebenserfolg ermöglichen. Dies zeigt eine amerikanische Studie aus dem Jahre 1977, welche belegt, dass die erfolgreichsten Harvard-Studierenden gegenüber ihren – laut Testergebnissen – schlechter ausgefallenen Kolleginnen und Kollegen in Bezug auf Arbeitsproduktivität, Status und Einkommen nicht erfolgreicher waren. Auch zählten sie in ihren menschlichen Beziehungen nicht zu den Glücklichsten und zeigten allgemein nicht grössere Zufriedenheit mit dem Leben.

---

1 Vgl. Stadelmann, W.: IQ-Werte sind nicht das Mass aller Fähigkeiten. In: Bund. Bern, 2000, 8 ff.

Als intelligent gelten in der Vorstellung breiter Bevölkerungsschichten somit immer noch Menschen, die viel wissen, logisch denken (Ursache-Wirkung-Denken) und abstraktions- und aufnahmefähig sind. Diesen Kriterien entsprechen vorab Professionelle in bestimmten „kopflastigen" Gebieten wie z.B. Physik, Mathematik oder Informatik. Es sind also vorrangig kognitive Fähigkeiten, die als Hauptbestandteil der Intelligenz angesehen werden.

2. Arbeitstugend – Protestantische Ethik nach Max Weber

Der deutsche Soziologe Max Weber beobachtete um die Wende vom 19. zum 20. Jahrhundert, dass protestantischen Regionen industriell viel weiter entwickelt waren als die katholischen. Er stellte weiter fest, dass derselbe Sachverhalt gesamteuropäisch beobachtbar war: Die ersten Industrieländer („kapitalistischen Nationen") waren die dem protestantischen (bzw. nicht dem katholischen) Glauben angehörigen Niederlande und England. Die zuvor aufgrund der kolonialen Eroberungen um einiges reicher gewordenen katholischen Staaten wie Spanien und Portugal folgten erst viel später.

Diesen zunächst unverständlichen Zusammenhang zwischen der Religionszugehörigkeit und der wirtschaftlichen Entwicklung versuchte Weber aufzuklären: Auffallend schien ihm die eher „unnatürliche" spezifische Wirtschaftsgesinnung der ersten Kapitalisten. Ihr antreibender Gedanke war nämlich nicht etwa, möglichst hohe Gewinne zur Befriedigung eigener Bedürfnisse zu erzielen. Vielmehr strebten sie nach Gewinn um des Gewinnes Willen. Im Gegensatz zum Adel und den Fernhandelskaufleuten des späten Mittelalters, welche Reichtum anhäuften und damit ein geniesserisches Leben in Luxus führten, lebten die frühen Kapitalisten in Sparsamkeit – trotz beachtlichem Vermögen. Jeder Konsum, der über das absolut Lebensnotwendige hinausging, erschien ihnen als Verschwendung. Das Ideal war, alles erworbene Geld zur Reinvestition noch grösserer Gewinne zu nutzen.[2]

---

2 Vgl. dazu die Ausführungen in Bonfranchi, R.: Löst sich die Sonderpädagogik auf? Luzern 1997, 53–54.

Der Calvinismus ermahnte die Menschen, jede Minute ihrer Tätigkeit zu widmen, keine Zeit zu verschwenden und keine Gewinnchance auszulassen. Diese systemische Lebensplanung nennt *Weber* „Rationalisierung der Weltbeherrschung", in welcher er den Wertzuwachs des Westens sieht, wobei sich letzterer von jeglicher ausserokzidentalen Kultur unterscheidet. Arbeit und Erwerben wurden somit als Zweck des Lebens angesehen und nicht mehr als Mittel zur Befriedigung materieller Lebensbedürfnisse. Arbeit ist aber v.a. von Gott vorgeschriebener Selbstzweck des Lebens überhaupt. Der Satz: „Wer nicht arbeitet, soll nicht essen" gilt bedingungslos für alle. Arbeitsunlust wurde als Symptom fehlenden Gnadenstandes angesehen, denn Gottes Vorsehung hält für jeden einen Beruf bereit (= Befehl Gottes an den Einzelnen), der erkannt und in dem gearbeitet werden soll.

Fragen wir uns nun nach dem Stellenwert behinderter Menschen in calvinistisch geprägten Zeiten, scheint ohne wenn und aber klar zu sein, dass ihnen die Rolle der Unbegnadigten, der zur Verdammnis prädestinierten zufiel: Die Möglichkeit zu lebenslanger, gewinnbringender Tätigkeit blieb den meisten verwehrt – d.h., sie konnten die Grundbedingung, zu den „Auserwählten" zu gehören, gar nicht erfüllen, wurden also chancenlos geboren.

Es ist anzunehmen, dass diese in unseren hochindustrialisierten Gesellschaften verinnerlichte Haltung nicht ohne Auswirkung auf unsere Einstellung gegenüber behinderten Menschen bleibt. Arbeit ereignet sich z.B. für Geistigbehinderte im beschützenden Rahmen einer Werkstatt und wird in der Regel schlecht entlöhnt – stellt also keinen „echten" Broterwerb dar. Schwerstbehinderten bleibt ausserdem jegliche Möglichkeit, eine Tätigkeit auszuführen, versagt.

Die gegebenen Umstände, in denen erwachsene Geistigbehinderte zu leben und zu arbeiten haben, verunmöglichen ihnen, durch Arbeit zu Reichtum und Besitz zu gelangen. Dies, obwohl viele unter ihnen nicht weniger Arbeitsstunden vorzuweisen haben als die meisten „Normalbegabten"; ihre verrichtete Tätigkeit ist jedoch zu wenig oder überhaupt nicht ertragreich, ein Gewinn bleibt aus. Unter diesen Bedingungen ergibt sich die Machtlosigkeit behinderter Menschen als logische Konsequenz aus dem bisher Gesagten.

3. Schönheit – Begriff der Ästhetik und geschichtlicher Hintergrund

„Der Schönheitswahn ist zum Massenphänomen geworden"[3] – die Schönheit des menschlichen Körpers hat in unserer Gesellschaft Kult-Status erreicht. Gleichzeitig leben aber auch Menschen ohne oder mit einer Behinderung unter uns, welche nicht dem allgemeinen Schönheitsideal entsprechen. Schenken wir der Aussage Glauben, dass wir immer stärker vom äusseren Schein bestimmt werden, müssen wir uns fragen, wie wir „Nichtbehinderten" überhaupt Behinderung wahrnehmen. Erinnert sei dabei an ein schon Jahre zurückliegendes Frankfurter Gerichtsurteil: Damals erhielt nämlich eine Klägerin recht, als sie ihr Reisebüro auf Schadenersatz verklagte, weil sie ihre Ferien in einem Hotel verbringen musste, in dem gleichzeitig 25 geistig und körperlich Behinderte weilten. In der Urteilsbegründung hiess es u. a. „es ist nicht zu verkennen, dass eine Gruppe von Schwerstbehinderten bei empfindsamen Menschen eine Beeinträchtigung des Urlaubsgenusses darstellen kann, dass es Leid auf der Welt gibt, ist nicht zu ändern, aber es kann der Klägerin nicht verwehrt werden, wenn sie es jedenfalls während des Urlaubs nicht sehen will." In der Annahme, dass dieser Gerichtsfall die heutige Meinung der Gesellschaft grösstenteils widerspiegelt, wird klar, dass „Nichtbehinderte" Menschen mit einer Behinderung nicht sehen, sich durch „diesen Anblick" ästhetisch nicht beeinflussen lassen wollen.

Vermittelt wird uns das „Ästhetische"- auch „stilvoll Schöne", „Geschmackvolle" oder „Ansprechende" vor allem durch Medien wie Fernsehen, Illustrierte oder Internet. Die in der Werbung vorherrschenden Motive Leistung, Erfolg, Karriere, Sexappeal usw. werden mit Attributen wie „schön", „gut", „gesund" und „dynamisch" umgesetzt – es besteht also ein „ästhetischer Stereotyp", welcher immer wieder Verwendung findet. Das Bild einer Behinderung können wir offenbar nicht mit unserem ästhetischen Empfinden in Einklang bringen und verdrängen es deshalb. Es ist anzunehmen, dass Behinderung gegen ästhetische Normen verstösst, die wir seit Jahrtausenden verinnerlicht haben – die

---

3 Bonfranchi, R.: Löst sich die Sonderpädagogik auf? Luzern 1997, 58.

Diskussion um das Schöne ist demnach alt und nimmt von der platonischen Philosophie herkommend ihren Ausgang.

Psychologische Studien haben ergeben, dass ein symmetrisches, vor allem aber ein durchschnittliches Gesicht – durchschnittlich im Hinblick auf Position und Mass aller Züge – als schön bezeichnet werden. Einige Gesichter sind angenehmer anzusehen als andere: Das Bild eines jungen Mädchens mit weit auseinanderstehenden Augen und kleiner Nase wirkt angenehmer als ein junges Mädchen mit eng zusammenstehenden Augen und breiter Nase. Extreme Ausprägungen stossen ab und sind im Allgemeinen nicht anziehend.

Die alten Griechen bestimmten Idealmasse für die Grössen und Längen der einzelnen Körperteile. Dieses Mass stand für den Begriff der Vollkommenheit; vermutlich das erste von Menschen erschaffene und auch schriftlich niedergelegte Schönheitsideal. Dieses wurde nach dem Versuch errichtet, möglichst die „goldene Mitte" (im Sinne der Tugendlehre von Aristoteles) zu finden und das Extreme auf die eine oder andere Seite zu vermeiden. Diese „goldene Mitte" garantiert jedoch nicht nur Schönheit, sondern steht auch für Gesundheit und Sittlichkeit. Somit sind wir wieder bei der Harmonie angelangt, welche als Grundlage für dieses Ideal diente.

Was bedeutet dies für Personen (z.B. Menschen mit einer geistigen Behinderung), die diesem Bild nicht entsprechen? Betrachten wir beispielsweise ein Bild von einem durch einen Unfall entstellten Gesicht oder verkürzten, abgetrennten Gliedmassen, entstehen unweigerlich Gefühle des Unbehagens, mit denen wir nur schwer fertig werden können. Wir ertappen uns beim Gedanken „selber zum Glück nicht so zu sein"; der Anblick wird als unschön, gar hässlich und mitleiderregend empfunden. Das Hässliche verletzt also einerseits unser Empfinden, muss aber allzu oft als Messmittel herhalten, Schönes noch schöner erscheinen zu lassen. Heute sprechen wir zwar nicht mehr von „Wechselbälgern und Teufelskindern" im Falle klar ersichtlicher Behinderung – es ist aber erwiesen, dass ein nicht unserem Schönheitsideal entsprechender Säugling weniger Zuwendung erhält.

Die Wirkung der äusseren Erscheinung darf somit auf keinen Fall unterschätzt werden. Sozialwissenschaftliche Forschungsergebnisse zeigen deutlich, dass gutes Aussehen mit positiven Eigenschaften assoziiert wird: Betrachten Lehrerpersonen Bilder von hübschen oder eben weniger hübschen Kindern, werden „die Hübschen" eindeutig als intelligenter und beliebter eingeschätzt. In simulierten Gerichtsprozessen werden gutaussehende Angeklagte weniger oft für schuldig gehalten oder erhalten zumindest niedrigere Strafen.

Als Fazit dieser Forschungsergebnisse ergibt sich für „Gutaussehende" in unserer Gesellschaft ein grosser Vorteil – sie sind Hauptempfänger positiver Signale ihrer Umwelt: Wenn das niedliche Baby von seiner Mutter mehr Aufmerksamkeit bekommt und dem hübschen Kind leichter verziehen wird, wenn schöne Menschen leichter Freunde finden, dann entlarvt sich „Schönheit" als soziale Macht, die nicht zu verkennen ist.

Diese Verarbeitung des Schönheitsideals führt zu einer weltweiten Vereinheitlichung der Körperideale, die Vorstellung von Schönheit wird dadurch immer gleichförmiger. Das Streben nach dem perfekten Erscheinungsbild ist demnach ein globales Phänomen, wobei kulturelle Unterschiede in Bezug auf die Beliebtheit einzelner kosmetischer Eingriffe feststellbar sind.

4. Fazit: Intoleranz der Gesellschaft gegenüber „Normabweichungen"

Der Trend zu beschriebener „gleichförmiger, globaler Schönheit" ist natürlich in einem gesellschaftlichen Zusammenhang zu sehen. Unsere Gesellschaft zeigt sich zunehmend intolerant, d.h. sie duldet grundlegend immer weniger Abweichungen von der Norm. Wenn uns Werbung, Fernsehen, Film- und Modewelt also Vollkommenheit im platonischen Sinne als „Norm" vermitteln, wird Disharmonie und Unattraktivität keinen Platz zugesprochen. Wir wollen mit dem Nicht-Schönen, Nicht-Harmonischen und Unfunktionalen nichts zu tun haben – es erinnert uns an unsere eigene Unvollkommenheit, unser Altern, den eigenen Tod. Behinderte und alte Menschen sind folglich in der Werbewelt der Schönen, Erotischen und Jung-Dynamischen nicht gefragt. Nur wenn die Gesellschaft bereit ist, auch Menschen zu akzeptieren, die weniger intelligent, weniger arbeitsfähig und weniger schön sind, wird es möglich sein, dass diese sich auch integrieren können. Werden diese drei Bereiche weiterhin in dem Masse verabsolutiert, wie dies heute der Fall ist, werden Menschen mit einer geistigen Behinderung wenig Chancen haben, als gleichwertige Mitglieder in der Gesellschaft leben zu können. Sie werden zwangsweise weiterhin marginalisiert werden. Dies ist einer sich dem Humanitätsprinzip verschriebenen Gesellschaft aber unwürdig.

Die unreflektierte Integration von Kindern mit schwerer kognitiver Beeinträchtigung verletzt deren Menschenwürde

Definition: integration (lat.): Herstellung eines Ganzen, Eingliederung in die Gesamtheit

1. Die rechtliche Situation

Das Bundesgesetz über die Beseitigung von Benachteiligungen von Menschen mit Behinderungen vom 13.12.2002 sieht im Abschnitt 5 (Besondere Bestimmungen für die Kantone) in Artikel 20 vor:

1. Die Kantone sorgen dafür, dass behinderte Kinder und Jugendliche eine Grundschulung erhalten, die ihren besonderen Bedürfnissen angepasst ist.
2. Die Kantone fördern, soweit dies möglich ist und dem Wohl des behinderten Kindes oder Jugendlichen dient, mit entsprechenden Schulungsformen die Integration behinderter Kinder und Jugendlicher in die Regelschule.

Wie so oft lassen Gesetze immer auch einen Interpretationsspielraum offen. Offen ist nämlich bei der Integration behinderter Kinder und Jugendlicher, welche Form diese Integration annehmen soll. Deshalb erscheint es wichtig, erst einmal abzuklären, wie heute in den meisten Kantonen der Deutschschweiz diese Integration umgesetzt wird. Eine Ausnahme zu der in den Kantonen herrschenden Praxis der Integration stellt hierbei Basel-Stadt dar, wo seit ca. 10 Jahren sogenannte Integrationsklassen gebildet wurden. Diese unterscheiden sich von normalen Klassen dadurch, dass etwa vier Kinder mit einer Behinderung in eine verkleinerte Regelklasse (ca. 16 Schüler) integriert werden. Die behinderten Schüler kommen dabei – im Gegensatz zu den Regelkindern – nicht aus der näheren Umgebung der Schule, sondern werden mit einem Behinderten-Transport zur Schule geführt.

Die Kantone haben nun beschlossen – verbunden mit dem Wechsel der Finanzierung des Sonderschulwesens durch den Bund (BSV, IV, Volksabstimmung von 2007) an die Kantone –, dass behinderte Kinder im Normalfall in den Regelschulbereich integriert werden und dass die Schulung im Rahmen einer Sonderschule begründungspflichtig ist. Von einzelnen Kantonen wird auch die Formulierung ‚Eine Schule für Alle' als Leitspruch verwendet. Diese Formulierung ist aber nicht korrekt, da schwer- und mehrfach behinderte Kinder in der Integrations-Diskussion nicht vorkommen. Zudem sind nach der weitgehenden Abschaffung der Kleinklassen für lernbehinderte Kinder und Jugendliche sehr viele dieser Kinder ebenfalls nicht integriert worden. Stattdessen wurden sie, oft verbunden mit Verhaltensauffälligkeiten, nun in Heilpädagogische Sonderschulen platziert.

2. Die Situation der Integration behinderter Kinder

Seit einigen Jahren werden, oft auf Initiative der Eltern, Kinder mit einer geistigen oder Lern-Behinderung in einen Regelkindergarten oder eine Primarschule integriert, wobei sie üblicherweise auch eine heilpädagogische Begleitung im Umfang von ca. 7 Lektionen pro Woche erhalten. Die übrige Zeit erhält das behinderte Kind soviel Zuwendung und Aufmerksamkeit von der Lehrerin oder dem Lehrer, wie es eben neben den anderen Kindern überhaupt möglich ist.

Meine Erfahrungen der letzten Jahre haben nun an den verschiedensten Orten in der Deutschschweiz gezeigt, dass diese Kinder nach einigen Jahren, zum Teil bereits nach dem Kindergarten oder nach dem Ende des zweiten Primarschuljahres, in eine Heilpädagogische Schule überwiesen werden. Ein solcher Wechsel in eine Heilpädagogische Schule läuft nicht immer ohne Schwierigkeiten ab, weil diese Kinder, die zu den kognitiv Stärksten in der Gruppe der geistig behinderten Kinder gehören, sehr wohl verstehen, dass es sich bei diesem Schulwechsel um eine Herabstufung handelt. In vielen Fällen hat die Schulkommission, die Schulpflege, die Lehrerschaft etc. beschlossen, dass ein weiterer Verbleib im Regelbereich nicht mehr möglich ist, weil sich die Schere zwischen dem Kind und seinen Mitschülern mittlerweile so weit geöffnet hat, dass eine gemeinsame Beschulung nicht mehr als sinnvoll erachtet wird. Die Gründe, warum eine solche Integration in Frage gestellt wird, sind vielfältig und können hier nicht weiter erörtert werden. Es kann auch sein, dass diese Gründe gar nicht beim behinderten Kind liegen, sondern bei der Infrastruktur, weil die bei dieser Integration involvierten Lehrpersonen nicht mehr miteinander arbeiten wollen.

Diese Situation, die im folgenden näher erläutert werden soll, ist zutiefst unbefriedigend und stellt meines Erachtens die eigentliche Würdeverletzung der Kinder und Jugendlichen mit einer geistigen und Lern-Behinderung dar: Sie können im Regelbereich nicht die gleiche Förderung erfahren wie an einer dafür eigens eingerichteten und darauf spezialisierten Sonderklasse oder Sonderschule. Der Begriff der Würde soll hier nur kurz definiert werden, die einschlägige Literatur hierüber ist umfangreich. Im Handbuch der Ethik (Düwell et al. 2006, 560ff.) steht, dass Würde „die unverrechenbare Werthaftigkeit menschlicher Existenz als Zweck an sich" ist. Würde wird also als höchster Wert des Mensch-Seins verstanden, was für die nachfolgenden Ausführungen wegleitend sein soll.

Den Hauptgrund der Würdeverletzung durch die heutigen Integrationsmassnahmen sehe ich darin, dass quasi alle diese Kinder nach einer bestimmten Zeit den Regelbereich wieder verlassen müssen – es geht also nicht um einige oder gar die Hälfte der Kinder (was auch schon sehr viel wäre), sondern um, bis auf Ausnahmen, alle. Es ist jeweils nur eine Frage der Zeit, wann die Integration abgebrochen wird. Es ist ein Abbruch, der auch von betreffenden Schülern und deren Eltern als ein solcher verstanden wird.

Diese Aussagen beziehen sich primär auf die Verhältnisse im Kanton Zürich, dürften jedoch auf andere Kantone durchaus übertragbar sein. Hierbei muss aber auch angefügt werden, dass ich über keinerlei Zahlenmaterial verfüge, das das konkrete Ausmass des Scheiterns der Integration (d.h. die Umteilungen eines Kindes in eine Sonderklasse) aufzeigt. Wie ab Seite 93 ausgeführt, ist die Datenlage in dieser Frage sehr schlecht. Doch man kann sich einfach einmal fragen: Wie viele der integrierten Kinder erreichen die 9. Klasse der Regelschule? Meines

Wissens geschieht dies nur in Ausnahmefällen. Wo sind dann die anderen Schüler mit einer geistigen oder Lern-Behinderung geblieben?

3. Ein kurzer Blick in die Geschichte

Bereits in den 1980er Jahren hat man begonnen, sich darüber Gedanken zu machen, dass lernbehinderte Kinder nicht mehr in sogenannte Kleinklassen überwiesen werden sollten. Stattdessen sollten sie, so die aufkommende Meinung, mit einer heilpädagogischen Begleitung, in der Regelklassen verbleiben können. Das Ziel war also, dass die Lernbehinderung quasi zum Verschwinden gebracht werden sollte. Dieses Modell, dass insbesondere vom Freiburger Heilpädagogik-Professor Gerhard Bless erforscht und umgesetzt worden ist, war über weite Strecken erfolgreich. Hierbei muss man sich aber klar vor Augen führen, dass auch Lernbehinderung ein weites Feld ist. D.h. es ist durchaus möglich und m.E. auch sinnvoll, wenn Schüler mit einer leichten Lernbehinderung mehrere Stunden in der Woche im Regelbereich unterstützt werden. Diese Schüler sind in der Lage, nach einiger Zeit den Anschluss an das untere Leistungsdrittel der Regelklasse zu erreichen. Doch wie oben bereits erwähnt, können bei weitem nicht alle lernbehinderten Kinder und Jugendliche im Regelbereich verbleiben und diese Kinder werden heute – aufgrund der weitgehenden Abschaffung der Kleinklassen für Lernbehinderte – in Heilpädagogische Schulen überwiesen.

Nachdem Eltern von geistig behinderten Kindern realisiert hatten, dass lernbehinderte Kinder im Regelbereich integriert werden, erhoben sie – und wie ich meine zurecht – die Forderung, dass sie auch ihre Kinder integrieren dürften. Nach diversen Diskussionen mit der Invalidenversicherung, konnte man beginnen, geistig behinderte Kinder in den Regelbereich zu integrieren. Zusammengefasst lässt sich sagen, dass ein mehr oder weniger erfolgreiches Konzept aus der Lernbehindertenpädagogik in den Bereich der geistigen Behinderung übertragen wurde. Ausgehend von dieser Konstellation sind einige Fragen angebracht.

4. Kritische Fragen

Erscheint eine Integration von Kindern mit einer geistigen Behinderung, so wie sie heute stattfindet, sinnvoll? Ist eventuell das Konzept, sofern man denn in diesem Bereich eines hat, tragfähig genug, um so fortzufahren, wie man es vor einigen Jahren begonnen hat? Was bedeutet für geistig behinderte Kinder ihr Sonderstatus bei einer hundertprozentigen Integration? In der Regel befindet sich immer nur ein geistig behindertes Kind in einer Regelklasse. Bedeutet dies nicht eine Festschreibung eines Sonder- bzw. Exotenstatus?

Was bedeutet es wiederum für diese Kinder und für ihre Eltern, wenn sie nach ein, zwei oder mehreren Jahren dann doch in eine Heilpädagogische Schule eingeschult werden? Warum nimmt die Integrationsmassnahme von Kindern mit einer geistigen Behinderung im Regelschulbereich fast zwangsläufig immer ein Ende? Warum sind eigentlich keine schwer und mehrfach geistig behinderten Kinder integriert worden? Findet hier sogar eine Selektion innerhalb der Integration statt, indem schwerer behinderte Kinder von vorneherein bereits ausgeschlossen sind. Es ist nämlich auffallend, dass es sich bei der Integration von geistig behinderten Kindern sehr häufig um Kinder mit einem Down-Syndrom handelt. In den Heilpädagogischen Schulen befindet sich aber noch eine Reihe von anderen geistig behinderten Kindern, von denen kaum jemand spricht. Warum? Schwerer behinderte Kinder, mit Rollstuhl, ohne Verbal-Sprache, mit Sonden, mit z.B. Stereotypien, Autoaggressionen etc. wurden nicht integriert.

5. Grundsätzliches Problem

In den 1960er und 1970er Jahren des letzten Jahrhunderts wurden hauptsächlich in den westlichen Industriestaaten Heilpädagogische Schulen aufgebaut und eingerichtet. Man hielt es für sinnvoll, dass diesen Kindern eine eigene Förderung in einem eigenen Tempo zuteil werden sollte. Sie sollten fachspezifisch von ausgebildetem Personal ihren Bedürfnissen entsprechend gefördert und heilpädagogisch begleitet werden.

Auf einer abstrakten Ebene sind die Ziele (Richtziele bzw. Leitziele) bei geistig behinderten und nicht behinderten Kindern identisch. Auf einer methodischen Ebene im Alltag unterscheiden sich Grob- und Feinziele aber gewaltig. Davon kann sich jedermann relativ schnell überzeugen, der eine Heilpädagogische Schule betritt. In der Regel hat jedes Kind einen eigenen Förderplan, der immer wieder angepasst wird. Dazu kommt das Angebot an Physio-, Psychomotorik- und Ergotherapie sowie Logopädie. Es gibt viele Kinder in einem Rollstuhl, es gibt Kinder mit Sonden, Schienen, Orthesen usw. Die Anpassung und der sinnvolle Umgang wird an diesen Schulen geplant, verwirklicht und umgesetzt. Ist der Regelbereich in der Lage, das zu leisten? Ich denke nicht und ich denke auch, er muss es auch nicht. Es ist Auftrag der Heilpädagogischen Schulen, dies zu leisten – und sie tun dies heutzutage und, wie ich meine, auf einem hohen Standard. All dies fällt bei einer Voll-Integration nahezu 100%ig weg. Somit ist die Förderung des behinderten Kindes, wie es die Heilpädagogische Sonderschule zu leisten im Stande ist, im Regelschulbereich mehr als gefährdet.

Betrachten wir exemplarisch das Lerntempo. Ich beziehe mich hier auf die Entwicklungspychologie von Jean Piaget. Nicht behinderte Kinder können sich, was das Tempo der Verarbeitung von Informationen betrifft, einer gewissen Durchschnittsgeschwindigkeit anpassen. Diese Fähigkeit beruht auf gewissen Voraussetzungen. Sind diese nicht vorhanden, kann man dem Lerntempo nicht folgen. Man kann sich das Problem vergegenwärtigen, indem man sich vorstellt, man bewege sich plötzlich in einem Umfeld, wo eine andere Sprache gesprochen wird, die man kaum oder eventuell gar nicht versteht. Dann geht alles sehr schnell, zu schnell. Glaubt man, einmal etwas verstanden zu haben, ist die Situation bereits vorbei und wird durch neue Informationen überdeckt. So etwa dürfte es geistig behinderten Kindern bereits in einem Kindergarten ergehen: Die Kinder reden, gestikulieren, springen herum – und das geistig behinderte Kind hinkt immer einen oder mehrere Schritte hinterher. Es gelingt ihm nicht, um mit dem Entwicklungspsychologen Piaget zu sprechen, seine Schemata an diejenigen der Umwelt zu assimilieren. Ich behaupte deshalb, dass eine derart unkritische und konzeptlose Integration, wie sie teilweise heute umgesetzt wird, geistig behinderten Kindern in ihrer Entwicklung schadet. Sie sind einer permanenten Überforderungssituation ausgesetzt, die man keinem nicht behinderten Kind zumuten würde. Die Aussage, dass sich geistig behinderte Kinder und nicht behinderte Kinder im Kindergartenalter kaum unterscheiden, ist meines Erachtens falsch. Durch eine Vollintegration setzt man das geistig behinderte Kind, vor allem wenn es kein adäquates Gegenüber bzw. eine Gruppe von anderen geistig behinderten Kindern hat, einer Vereinzelung aus.

6. Fazit

Alle Menschen haben das Recht, mit anderen Mitmenschen in Kontakt treten zu können. Wir wissen auch, dass solche Kontakte für die harmonische kindliche Entwicklung entscheidend sind. Es versteht sich also von selbst, dass Kinder mit einer geistigen Behinderung ebenfalls in den Genuss dieses Rechts kommen müssen. Dabei gilt es aber, die Rechte, Ansprüche und Würde von Menschen mit geistiger Behinderung nicht aus den Augen zu verlieren bzw. zu achten.

Mein Anliegen ist es, darauf hinzuweisen, dass man sich Gedanken über eine sinnvolle Integration von geistig behinderten Menschen in gesellschaftliche Teilbereiche machen muss. Ob dies allerdings mit einer Vollintegration in den Regelschulbereich umgesetzt werden kann, ist meines Erachtens sehr zweifelhaft – vor allem, wenn jeweils nur ein Kind pro Klasse aufgenommen wird. Anders wäre es z. B., wenn jeweils vier Kinder mit einer geistigen Behinderung integriert würden. Aber davon spricht niemand. Es stellt sich jedoch die Frage, ob man hierbei nicht eher von einer Kooperation zwischen Regelbereich und heilpädagogischen Schulen sprechen sollte?

Warum kommt es dennoch zur teilweisen Integration von einigen gut geförderten Kindern mit Down-Syndrom von intellektuellen Eltern? Diese Eltern pochen auf ihr Recht der Integration, ohne dass die Regelschule auch nur ansatzweise bereit ist, sich konzeptionell darauf einzulassen. Es hängt in der Praxis immer von einzelnen Lehrpersonen ab, die bereit sind bzw. sein müssen, sich darauf einzulassen. Ob bei erhöhten Schülerzahlen pro Klasse, wie sie Politiker bereits wieder fordern bzw. umsetzen, mehr oder weniger Lehrpersonen bereit sind, ein geistig behindertes Kind in ihre Klasse aufzunehmen, ist unschwer vorherzusagen. Was für mich aber noch schwerer wiegt, ist die völlige Aufgabe der spezifischen heilpädagogischen Förderung und Therapie zum Preis einer (Schein-)Integration. Dies kann nicht die Lösung sein. Die Integration von Kindern mit geistiger Behinderung sollte nicht deshalb umgesetzt werden, damit sich einige Eltern besser fühlen, wenn ihr Kind keine Heilpädagogische Schule besucht oder damit nicht behinderte Kinder die Kontaktaufnahme mit solchen Menschen erlernen. Es geht um diese Menschen selber und nicht darum, dass sich andere wohler fühlen können.

Die Integration von Menschen mit geistiger Behinderung ist ein wichtiges Anliegen, dem sich unsere Gesellschaft unbedingt stellen muss. Das bedeutet, dass man einerseits Orte und Gelegenheiten schafft, in denen die Integration dieser Menschen Sinn macht. Das kann beispielsweise in einem Sportverein, in einer Musikschule oder auch im religiösen Bereich (Kommunion- bzw. Konfirmationsunterricht) sein. Wenn die Regelschule dieser Ort sein soll, muss dies mit einer für diese Menschen sinnvollen spezifischen Förderung und Therapie einhergehen. Ansonsten ist der Preis für die Integration viel zu hoch.

Ein weiteres Problem bei der Integration von Kindern mit einer geistigen Behinderung in den Regelschulbereich sehe ich im sogenannten Exotenstatus. In der Regel wird ja nur ein solches Kind pro Klasse integriert. Es geniesst dann einen besonderen Status, zumal die anderen Kinder im Regelbereich ja einer Selektion ausgesetzt sind, d. h. sie müssen den Lernstoff in einer bestimmten Zeit verarbeiten können. Erreichen sie die Lernziele nicht, werden sie nicht versetzt. Ein geistig behindertes Kind kann logischerweise nicht an diesem Massstab gemessen werden. Doch was bedeutet es für das vielzitierte Normalisierungsprinzip, wenn sich das behinderte Kind in einer permanenten Ausnahmesituation befindet? Entwicklungspsychologisch bedeutet das, dass sich das betreffende Kind kaum „normal" – was immer man auch darunter verstehen mag – entwickeln kann. Es pendelt zwischen einem Aussenseitertum und einer Starrolle. Dies kann für die Persönlichkeitsentwicklung nicht förderlich sein.

So bestehen doch einige Fragen, die gemäss meiner Erfahrung kaum in der Fachliteratur diskutiert werden. Ich erlebe die Integration von geistig behinderten Kindern eher so, dass von der anfänglichen Euphorie mit der Zeit kaum noch was übrig bleibt und dann schliesslich doch eine Aufnahme in eine Heilpädagogische Sonderschule erfolgt. Diese Verspätung ist dann wiederum keine gute Voraussetzung für einen Schuleintritt. Darüber müsste verstärkt nachgedacht und diskutiert werden.

Teil 3:
Separation –
ist Pränataldiagnostik der finale Ausschluss?

Eine Kontroverse zum Einstieg – Zwei Ansichten zum Status des Fötus

Die Methoden der modernen Fortpflanzungsmedizin haben nicht nur in der Medizinethik seit nun schon vielen Jahren für Diskussionen gesorgt. Auch die Heilpädagogik ist von dieser Entwicklung betroffen – insbesondere mit Blick auf die Verfahren der pränatalen Diagnostik, der Präimplantationsdiagnostik (also der Diagnose eines in vitro erzeugten Embryos vor der Einsetzung in die Gebärmutter) und des Schwangerschaftsabbruchs, der aus der Inanspruchnahme dieser Möglichkeiten resultieren kann. Die überwiegende Mehrheit der Forscher und Praktiker in der Heil- und Sonderpädagogik steht diesen Verfahren sehr skeptisch gegenüber und sieht in ihnen teilweise gar eine Bedrohung ihrer ureigenen Aufgabe, weil durch solche Verfahren das Leben geistig behinderter Menschen von Beginn weg verhindert werde. Als Einstieg in diese Problematik wird eine exemplarische Kontroverse vorgestellt, die einen wichtigen – wenn auch nicht den einzigen – moralischen Aspekt der Debatte darlegt: die Frage nach dem moralischen Status des Embryos, der Gegenstand der genannten diagnostischen Verfahren ist.

1. Die Kontroverse

Zur Diskussion stehen zwei an exemplarischen Texten dargelegte Positionen von Robert Spaemann (2001) und Reinhard Merkel (2001), die in einem ersten Schritt vorgestellt werden. Ich werde mich dabei auf die Kernpunkte beschränken und verzichte auf die Wiedergabe diverser Nuancen und Verästelungen in der Argumentation. Dies erhöht die Klarheit in der Herausarbeitung der beiden gegensätzlichen Positionen. Ein weiterer Vorteil dieser „reduzierten" Darstellung der beiden Positionen, die pointiert als „Position der Ängste" bzw. „Position der

Hoffnung" bezeichnet werden können, liegt darin, dass die Argumentationen entpersonalisiert werden können, d.h. die Verfasser der Inhalte treten in den Hintergrund.

Ausgangsfrage beider Positionen ist, was der Mensch bzw. die Wissenschaft mit Embryonen bzw. in der Petri-Schale (in vitro) gezeugten Lebewesen tun darf und was nicht (zu diesem Grundproblem der Bioethik siehe auch Kap. 3 in Wiesemann & Biller-Andorno 2005, 29 ff.). Diese Frage resultiert aus den heutigen (und künftigen) Möglichkeiten der Fortpflanzungsmedizin und der daran geknüpften biologisch-medizinischen Forschung. Es geht also einerseits um mögliche Eingriffe in das Erbgut oder die Entwicklung des zu einem Menschen heranwachsenden Embryos zu therapeutischen (oder anderen) Zwecken. Andererseits geht es aber auch um die sogenannte „verbrauchende" Embryonenforschung, zumal die Entwicklung solcher Therapien (z.B. sogenannter Stammzelltherapien) ja zuerst einmal erforscht werden muss. Die daraus resultierende moralische Fragestellung lautet: Sind solche Eingriffe generell verboten bzw. nur in bestimmten Fällen erlaubt oder ist es umgekehrt gar geboten, mit befruchteten Eizellen zu forschen?

2. Darstellung der Position von Spaemann: Ängste

Spaemann sieht in solcher Forschung und der damit verknüpften Zielvorstellungen (z.B. eines „gentechnisch verbesserten Menschen") eine Form von Planwirtschaft. Er unterstreicht mit Verweis auf Huxley (dieser hatte sich ja in seinem Klassiker ‚Schöne neue Welt' gegen eine Entmenschlichung der Gesellschaft durch den wissenschaftlichen Fortschritt ausgesprochen), dass eine Gesellschaft grundsätzlich nicht nach planwirtschaftlich ausgerichteten Vorstellungen zu konzipieren sei und dies in der Praxis auch nicht funktioniere. Als Beweis für letzteren Punkt führt er den Niedergang der kommunistisch regierten Länder an (Spaemann, 2001, Abschnitt 4). Bei der Anwendung der Gentechnologie, so Spaemann weiter, ist es allerdings schlimmer, weil die erzielten Folgen irreversibel sind (ders.) (Ab. 5). Selbst wenn gezielte Eingriffe ins menschliche Erbgut dereinst möglich seien und akzeptiert würden, stellt sich die Frage: In welche Richtung soll sich der Mensch verändern bzw.

welchem Zweck sollen solche Eingriffe dienen? Spaemann bezieht hier klar Position, indem er sagt – und er verweist hierbei auf Jonas (1984) –, technische Manipulation am Erbgut des Menschen sowie im Rahmen der menschlichen Embryonalentwicklung (z. B. durch reproduktives Klonen) komme einer „Perversität" gleich (ders. Ab. 7). Auch die Möglichkeit einer Gentherapie zur Vermeidung von Krankheiten verwirft Spaemann, indem er dieser Absicht lediglich ein Streben nach Glück (eudaimonia) unterstellt und gleichzeitig festhält, dass Schmerzen zum Mensch-Sein gehören und nicht wegtherapiert werden können bzw. sollen – so jedenfalls können die Abschnitte 8 und 9 interpretiert werden.

Im zweiten Teil seines Aufsatzes thematisiert Spaemann das „therapeutische Klonen" (d. h. die Gewinnung von Stammzellen aus menschlichen Embryonen für therapeutische Zwecke) und er wirft diesem Begriff „Irreführung" (Abschnitt 12) vor. Nach Spaemann geht es hier nicht um Therapie, sondern um Tötung (nämlich des Embryos, aus dem die Zellen gewonnen werden) und dieses Verfahren stellt somit einen Verstoss gegen die Menschenwürde dar. Spaemann nimmt an dieser Stelle auch Bezug zum Dammbruch-Argument (Abschnitt 13) und verweist implizit auf die Zeit des Nationalsozialismus in Deutschland. Als Dammbruchargument bezeichnet man eine Argumentationsweise (bzw. rhetorische Technik), die darin besteht, dass der Opponent den Proponenten vor dem Vollzug eines bestimmten Schritts bzw. einer bestimmten Handlung warnt und dabei geltend macht, dass diese Handlung „den Damm bricht" bzw. der Beginn einer schiefen Ebene sei und damit Stück für Stück weitere negative Konsequenzen zur Folge haben werde (daher auch „Argument der schiefen Ebene" oder „Slippery-Slope-Argument").

Wichtig erscheint mir an dieser Stelle die Feststellung, dass Spaemann dem menschlichen Leben bereits ab dem Zwei-Zell-Stadium einer befruchteten Eizelle uneingeschränkte Würde zuspricht (Potentialitäts-Argument). Er verweist in diesem Zusammenhang auf eine „Menschheitsethik" (Abschnitt 22). Deshalb zieht Spaemann das Fazit, dass die biologische „Zugehörigkeit zur Menschheitsfamilie" (Abschnitt 24) das einzige zulässige Kriterium ist, um zu beurteilen, was mit den befruchteten Zellen in der Forschung geschehen darf: nämlich nichts, weil ansonsten die Menschenwürde verletzt würde. Es erscheint klar, dass Spaemann vor allem Ängste und Befürchtungen vor Missbrauch thematisiert. Er verweist auf die Planwirtschaft sowie auf den Nationalsozialismus und leitet seine Befürchtungen hiervon ab. Das ist zum einen verständlich, andererseits aber gehört es wohl zum Mensch-Sein, immer wieder an seine (wissenschaftlichen) Grenzen zu gehen. Trotzdem können die Befürchtungen von Spaemann nicht so einfach auf die Seite geschoben werden.

3. Darstellung der Position von Merkel: Hoffnung

Merkel nimmt eine diametral entgegengesetzte Position zu Spaemann ein. Sein Fazit vorneweg: Es gibt für den Embryo kein Recht auf Leben und Menschenwürde (Merkel 2001, Abschnitt 4) bzw. keine ethischen Gründe, so ein Recht zu fordern, geschweige denn zu etablieren. Für ihn scheint es geradezu geboten zu sein, dass die Forschung an Embryonen auch durchgeführt wird. Mit seinen im Folgenden dargestellten Thesen versucht er zu beweisen, dass die Einwände gegen diese Forschung nicht stichhaltig sind. Merkel untermauert denn diese These mit vier Argumenten, wobei er zumindest teilweise auf Spaemann eingeht. Diese vier Argumente decken ein sehr weites Spektrum der Fragestellung ab, was mit Embryonen geschehen darf bzw. nicht. Sie sollen deshalb im Folgenden kurz dargestellt werden (für eine ausführlichere Darstellung siehe Damschen & Schönecker 2003, 2 ff.):

- Spezies: Das Spezies-Argument besagt, dass ein Embryo aufgrund seiner Zugehörigkeit zur Spezies Mensch Lebensrecht und Menschenwürde habe. Dieses ist gemäss Merkel nicht haltbar, weil es Ausdruck eines naturalistischen Fehlschlusses ist, wonach von biologischen Fakten nicht auf ethische Normen geschlossen werden dürfe. Nur am Rande sei hier angemerkt, dass Schaber (in Düwell et al. 2006, 454 ff.) den naturalistischen Fehlschluss anders definiert. Es ist deshalb wohl sinnvoller, in diesem Zusammenhang gemäss Höffe (2001) von einer Sein-Sollens-Schranke zu sprechen, die nicht überwunden werden kann bzw. darf.
- Kontinuum: Das Kontinuum-Argument besagt, dass die Embryonalentwicklung kontinuierlich verlaufe und man keine klaren Zeitpunkte definieren kann, ab wann dem Embryo Menschenwürde zukomme

– deshalb solle man diese dem Embryo zu Beginn seiner Entwicklung bereits zuschreiben. Nach Merkel unterliegt auch das Kontinuumsargument einem Fehlschluss (Abschnitt 24). So könne man bei zahlreichen Eigenschaften, die einer prozesshaften Veränderung unterliegen (z. B. Körpergrösse, Helligkeit) durchaus Abstufungen vornehmen, auch wenn es keine klar unterscheidbaren Stufen oder Schwellenwerte gebe (Abschnitt 25).
- Potenzialität: Das Potenzialitäts-Argument besagt, dass wenn eine Entität X das natürliche Potenzial hat, zu Y zu werden und Y gewisse Rechte zugeschrieben werden, dann auch X diese Rechte zugeschrieben werden können. Dieses Argument widerlegt Merkel mit dem nach Singer (1994, 199) benannten ‚Prinz-Charles-Argument'. Demnach sei Charles zwar Prinz von Wales und somit potenzieller König von England – aber er ist es eben noch nicht und demnach kommen ihm auch nicht die Rechte des Königs von England zu. Inwieweit diese Analoge greift, kann bestritten werden. So wird man – um im Beispiel zu bleiben – Prinz Charles dennoch anders begegnen als einem „Mann auf der Strasse", bei dem die Potenzialität, englischer König zu werden, verschwindend gering ist. Entsprechend kann das Potenzialitäts-Argument so umgedeutet werden, dass es Sinn machen kann, dem menschlichen Embryo als potenziell menschliches Wesen mit einer gewissen, graduell abgestuften Würde-Anerkennung zu begegnen.
- Identität: Das Identitäts-Argument besagt, dass der Embryo ab diesem Moment zu schützen ist, da er die Identität eines einzelnen Menschen besitzt. Auch hier bemüht Merkel wiederum die Regel, dass vom Sein (biologische Eigenschaften) nicht auf das Sollen (Menschenwürde/Lebensschutz) geschlossen werden kann.

Für Merkel sind die Befürchtungen von Spaemann nicht zwingend. Er äussert sich nicht weiter dazu, aber es kann wohl geschlossen werden, dass Merkel davon ausgeht, dass wir nicht mehr in Zeiten leben, wo Wissenschaft – mehr oder weniger – unkontrolliert, gefährliche Experimente durchführen kann. Für Merkel erscheint es geradezu notwendig, diese Forschung zu betreiben.

4. Beurteilung der beiden Positionen

Wie eingangs dargelegt worden ist, hält Spaemann eine Nutzung von menschlichen Embryonen bzw. fetalen Zellen im Rahmen der biomedizinischen Forschung für verwerflich („pervers"). Merkel hingegen hält diese sogar für moralisch geboten. In dieser Frage finden sich keine Gemeinsamkeiten zwischen den beiden Autoren. Nachfolgend soll nun eine Bewertung der beiden Positionen vorgenommen werden, in dessen Rahmen auch ein eigener Standpunkt zur Frage entwickelt wird.

Grundsätzlich ist festzuhalten, dass die hier angesprochenen Technologien ganz neue Formen des Eingriffs in die Substanz menschlichen Lebens eröffnen (Beck-Gernsheim1991). Wie hier aufgezeigt, lösen diese neuen Entwicklungen, die immer weiter voranschreiten, Ängste und Hoffnungen aus. Es ist meines Erachtens eine persönliche Wertung, wenn man eher zu Hoffnungen als zu Ängsten neigt. Neue Technologien bedeuten aber dennoch, dass man sehr sensibel darauf reagieren sollte, wie diese in unser aller Leben eingreifen bzw. eingreifen können. Letztere Position könnte man als eine psychologisch fundierte Weltanschauung grundsätzlicher Natur bezeichnen.

Was die Auseinandersetzung zwischen Spaemann und Merkel anbelangt, kann festgehalten werden, dass sich bei Spaemann einige Argumentationsstränge benennen lassen, die wenig überzeugend sind. Als Beispiele mögen hier sein Vergleich mit der sozialistischen Planwirtschaft sowie sein Verweis auf den Nationalsozialismus dienen. Ebenso geht er mit der Sein-Sollen-Schranke recht locker um, bzw. berücksichtigt diese gar nicht, d.h. er schliesst von deskriptiven Beschreibungen der Planwirtschaft und des Nationalsozialismus auf Sollens-Bestimmungen, dass eben keine Forschung am Embryo betrieben werden darf.

Was für Spaemann spricht, sind weniger seine Argumente, sondern seine Angst, dass z.B. mit dem therapeutischen Klonen Missbrauch getrieben werden kann. Diese Ängste sind ernst zu nehmen und eine Reihe von Veröffentlichungen, insbesondere aus dem Behindertenbereich, legen hierfür beredtes Zeugnis ab. Hier wird als Tenor immer wieder darauf hingewiesen, dass durch die medizinische Hochtechnologie eine gewisse Form der Menschlichkeit, auf die ja auch Spaemann („Menschheitsethik") rekurriert, verloren geht.

Dennoch kann man auf einer analytischen Ebene zum Schluss gelangen, dass insbesondere die vier von Merkel ins Feld geführten Widerlegungen oft genannter Argumente gegen Embryonenforschung bis auf eine Einschränkung überzeugend sind. Diese betrifft das Potenzialitäts-Argument, wie oben bereits erläutert. Die Potenzialität ist – wie auch das „Prinz Charles Argument" zeigt – offenbar ausreichend, um die Idee einer graduellen Schutzwürdigkeit zu stützen. Das zeigt sich auch an manch anderen Bereichen: Wenn eine Entwicklung einen höheren (weiteren) Stand erreicht hat, sind wir eher bereit, von einer Schutzwürdigkeit zu sprechen bzw. diese dem Objekt zuzugestehen. Eine Potenzialität ergibt also noch keine Schutzwürdigkeit und rechtfertigt allein kein Verbot des therapeutischen Klonens bzw. der Forschung an Embryonen.

Nichtsdestotrotz gibt es zwei Gegebenheiten, die es zu berücksichtigen gilt. Da sind zum einen die Ängste der Gegner solchen Tuns. Es ist sicherlich nicht korrekt und auch nicht fair, diese einfach zu ignorieren. Eine umfassende Informationspolitik in diesem Bereich ist zwingend notwendig. Die Öffentlichkeit hat ein Recht darauf, informiert zu werden, welchen Stand die Forschung in diesem Bereich hat. Dabei handelt es sich nicht um eine Hol-, sondern um eine Bringschuld der Forschung.

Zum anderen kann technischer Fortschritt nicht aufgehalten werden. Forschung und Weiterentwicklung des Gegebenen sind inhärente Wesenszüge des Menschen. Auch der Verweis von Spaemann, Jonas quasi als eigenen Vertreter für sich zu reklamieren, überzeugt nicht ganz, spricht doch Jonas von „einer Kritik der Utopie zur Ethik der Verantwortung" (Jonas, 1984, 442). Verbote, die Forschung unterbinden wollen, die von einem grossen Teil der Gesellschaft gewünscht wird, haben kaum eine Wirkung. Die Beispiele in der Geschichte der Menschheit, in der neue Entwicklungen kritisch betrachtet und dann umgesetzt wurden, sind Legion. Es geht deshalb darum, Technikfolgenabschätzung zu betreiben und sich kritisch mit neuen Entwicklungen auseinanderzusetzen.

Ich plädiere für eine Relativierung des Schutzgebotes (vgl. Körner 1992, 312) auch von extrauterin gezeugten Zellen. Ich plädiere aber auch dafür, dass z. B. therapeutisches Klonen bzw. dessen Erforschung nur mit einer Informationspflicht sowie strengen (politisch legitimierten) Auflagen durchgeführt werden darf.

Literatur

Beck-Gernsheim E. (1991): Technik, Markt und Moral. Über Reproduktionsmedizin und Gentechnologie. Frankfurt/M.

Damschen G., Schönecke D. (Hrsg.) (2003): Der moralische Status menschlicher Embryonen: Pro und Contra Spezies-, Kontinuums-, Identitäts- und Potentialitätsargument. Berlin.

Höffe O. (2001): Wessen Menschenwürde? Was Reinhard Merkel verschweigt und Robert Spaemann nicht sieht. In: Geyer C. (Hrsg.), Biopolitik: Die Positionen. Frankfurt/M.

Jonas H. (1984): Das Prinzip Verantwortung. Versuch einer Ethik für die technologische Zivilisation. Frankfurt/M.

Körner U. (1992): Mensch von der Zeugung an? Über den Beginn und die Schutzwürdigkeit menschlichen Lebens. In: Körner U. (Hrsg.): Ethik der menschlichen Fortpflanzung. Ethische, soziale, medizinische und rechtliche Probleme in Familienplanung, Schwangerschaftskonflikt und Reproduktionsmedizin. Stuttgart.

Merkel R. (2001): Rechte für Embryonen? In: Die Zeit, 5/2001.

Schaber P. (2006): Naturalistischer Fehlschluss. In: Düwell M., Hübentahl C., Werner M.H. (Hrsg.): Handbuch Ethik. Stuttgart: 454–456.

Singer P. (1994): Praktische Ethik. Stuttgart 1994. 2. Aufl.

Spaemann R. (2001): Gezeugt, nicht gemacht. In: Die Zeit, 4/2001.

Wiesemann C., Biller-Andorno N. (2005): Medizinethik für die neue Ausbildungsordnung. Stuttgart.

Gefährdet die Pränatale Diagnostik die Akzeptanz von Menschen mit schwerer geistiger und mehrfacher Behinderung?
Eine Beurteilung aus heil- und sonderpädagogischer sowie aus moralphilosophischer Perspektive

1. Einleitung und methodische Vorbemerkungen

In diesem Kapitel[1] soll der Frage nachgegangen werden, ob und inwieweit die heute in der Gesellschaft weitgehend akzeptierten Methoden der pränatalen Diagnostik (PD) sowie des damit verbundenen Schwangerschaftsabbruchs bei diagnostizierter Behinderung Auswirkungen auf die Akzeptanz im Sinne von Diskriminierung bzw. Kränkung von Menschen mit schwerer geistiger und mehrfacher Behinderung. Der Fokus liegt also nicht auf Menschen mit Behinderung generell. Dabei geht es mir darum, vorab die ethischen Aspekte dieser Fragestellung herauszufiltern. Dies ist bei diesem Thema nicht immer ganz einfach, weil in den Äusserungen zur PD sowie dem damit verknüpften Schwangerschaftsabbruch innerhalb der Heil- und Sonderpädagogik sehr oft empirische und ethische Aspekte vermischt werden.

Die Frage, ob ein Fötus mit diagnostizierter Behinderung abgetrieben werden darf, wird nicht untersucht. Der allgemein akzeptierte Gebrauch der PD und dem damit verknüpften Schwangerschaftsabbruch

---

1   Dieses Kapitel basiert auf der Diplomarbeit „Tangiert die Pränatale Diagnostik und die Spätabtreibung (Fetozid) die Achtung gegenüber Menschen mit schwerer geistiger und mehrfacher Behinderung? Antworten aus der Heil- und Sonderpädagogik, der Krüppelbewegung und der Moralphilosophie", die am 30.3. 2009 im Rahmen des Nachdiplomstudiums ‚Master of Advanced Studies UZH in Applied Ethics' (MAE) abgeschlossen worden ist. Sie wurde durch Markus Christen einer umfangreichen Revision und deutlichen Kürzung unterzogen.

nach sogenannt positivem Befund ist Ausgangspunkt dieser Untersuchung, die sich weitgehend auf deutschsprachige Literatur zum Thema abstützt. Ebenso werde ich mich nicht zur grundsätzlichen Frage äussern, ob und inwieweit Abtreibung überhaupt ethisch gerechtfertigt ist (siehe dazu z. B. SGRA 1995, Büchner & Kaminski 2006, Mattisseck-Neff 2006). Auf die Präimplantationsdiagnostik (PID) werde ich kurz eingehen (Abschnitt 2.4.), weil auch diese Technik dazu beiträgt, dass behindertes Leben verhindert wird. Die Frage, unter welchen Bedingungen und mit welcher Rechtfertigung Therapieabbrüche bei schwerstgeschädigten Neugeborenen durchgeführt werden, wird im Rahmen der Untersuchung von Spätabtreibungen ebenfalls kurz angesprochen (vgl. dazu Hiersche et al. 1987, Merkel 2001).

Ich konzentriere mich in dieser Arbeit aus zwei Gründen auf Menschen mit schwerer geistiger und mehrfacher Behinderungen,[2] während Menschen mit Sinnes- oder Körperbehinderungen nicht Gegenstand der Fragestellung sind. Erstens scheint mir die hier untersuchte Problematik – insbesondere was die gesellschaftliche Akzeptanz anbelangt – in Bezug auf die beiden genannten Gruppierungen deutlich verschieden zu sein. Menschen mit einer Körper- bzw. Sinnesbehinderung sind heute weitgehend akzeptiert und sind durch die technologische Entwicklung auch in wesentlich stärkerem Masse in der Lage, ihre Beeinträchtigung zu kompensieren. Dies ist bei Menschen mit geistiger Behinderung kaum möglich – im Gegenteil: Durch die zunehmende Technologisierung und höhere Komplexität der Lebenswelt und der damit verbundenen Steigerung der Anforderung in Bezug auf Abstraktions- und Dekodierfähigkeit, sind diese Menschen im Laufe der letzten Jahre noch stärker in ein gesellschaftliches Abseits gedrängt worden. Zweitens können Menschen mit Sinnes- und Körperbehinderung in Bezug auf ihre Akzeptanz für sich selber sprechen. Ganz anders verhält es sich bei Menschen mit schwerer geistiger und mehrfacher Behinderung. Diese sind auf eine „advokatorische Ethik" angewiesen.

---

2   Meines Erachtens wäre die korrekte Begrifflichkeit ‚kognitiv beeinträchtigt', die sich aber in der heil- und sonderpädagogischen Literatur nicht durchgesetzt hat. Deshalb werde auch ich in dieser Arbeit die etwas umständliche Formulierung von „schwer geistig und mehrfach behinderten Menschen" verwenden, wobei bei mehrfacher Behinderung immer auch eine geistige Behinderung vorliegt.

Dieses Kapitel hat folgenden Aufbau. Im zweiten Abschnitt werden empirische Grundlagen zu Behinderung, PD, Spätabtreibung und PID vorgestellt. Zentral für unsere Fragestellung ist die Beobachtung, dass ein positiver Befund im Falle einer PD in den weitaus meisten Fällen (ca. 94%, je nach Quelle wird diese Zahl zwischen 92 bis 96% angegeben) zu einem Schwangerschaftsabbruch führt. Daraus allein lässt sich aber nicht eine direkte Wirkung auf die gesellschaftliche Akzeptanz von Behinderung schliessen, da die Gründe für einen Schwangerschaftsabbruch im privaten Rahmen verbleiben. Auch muss beachtet werden, dass die weitaus meisten Abbrüche im ersten Trimester erfolgen – also in einer Zeitspanne, in der nur in seltenen Fällen ein gesicherter PD-Befund überhaupt möglich ist. Die meisten Abbrüche erfolgen auch heute immer noch aufgrund einer unerwünschten Schwangerschaft und nicht wegen der Diagnose einer Behinderung.

Die in der Ethik wichtige Diskussion über die Frage des moralischen Status des Fötus (z.B. Singer 1994, 2. Aufl., Merkel 2001) dürfte vermutlich in den Entscheidungsprozessen rund um PD und Schwangerschaftsabbruch im Alltag nur eine geringe Rolle spielen. Die Frau bzw. die zukünftigen Eltern machen sich weniger Gedanken darüber, ob der Fötus ein moralischer Akteur ist oder nicht, sondern darüber, ob sie (im Falle eines positiven PD-Befundes) das (ausgetragene) Kind wünschen oder nicht. Die für uns relevante Frage ist demnach nicht, ob der Akt der Abtreibung an einem Lebewesen vollzogen wird, dessen moralischer Status (meiner Ansicht nach zu Recht) in Frage gestellt werden kann. Vielmehr ist es der Umstand, dass die Behinderung der Grund für den Schwangerschaftsabbruch ist. Akzentuiert wird dieser Punkt durch sehr spät stattfindende Abbrüche, weil manche Behinderungen erst im dritten Trimester der Schwangerschaft festgestellt werden können – die Abtreibung also zu einem Zeitpunkt stattfindet, wo der Fötus auch ausserhalb des Mutterleibes lebensfähig sein kann (zumindest während einer gewissen Zeitspanne, je nach Behinderung). Psychologisch gesehen, ist also die Situation eine andere und wird zugespitzt auf den Punkt, dass ein Akt der Tötung (des Fötus) einzig aufgrund der vorliegenden Behinderung passiert – während beispielsweise in der Neonatologie Frühgeborene trotz ähnlich schwerer zu erwartender Behinderungen (aufgrund der Frühgeburt) mit allen Mitteln am Leben erhalten werden.

Um dieses Spannungsverhältnis zu beleuchten, erfolgt im dritten Abschnitt ein kurzer Abriss zum historischen Kontext, d.h. zur Frage, wie es um die Akzeptanz der Gesellschaft gegenüber schwer geistig und mehrfach behinderten Kindern in der Vergangenheit bestellt war. Dabei wird sich zeigen, dass das Lebensrecht solcher Menschen schon immer in Frage gestellt worden ist. Aus dieser Beobachtung ergibt sich die These, dass PD verbunden mit einem möglichen Schwangerschaftsabbruch Ausdruck einer schon seit langem bestehenden Haltung gegenüber dem Phänomen der schweren Behinderung ist. Technologisch mag PD ein neues Phänomen sein – doch die Motivlage ihrer Anwendung ist nicht neu. Dabei muss man sich allerdings im Klaren sein, dass die Umschreibung „schwer geistig und mehrfach behindert" relativ ist und vom Entwicklungsstand der Medizin sowie von deren Einschätzung durch die Gesellschaft abhängt.

Im vierten Abschnitt gehe ich der Frage nach, welche Aussagen in der Behinderten-Literatur zur gesellschaftlichen Akzeptanz von geistig und mehrfach behinderten Menschen aufgrund der PD und Spätabtreibung gemacht werden. Ich unterscheide hier zwischen Literatur aus der Behindertenbewegung (Krüppelbewegung, Selbstbestimmtes Leben etc.) und Literatur aus der etablierten Heil- und Sonderpädagogik. Dabei kann hier schon festgehalten werden, dass sich in der Literatur die Unterscheidung nach kognitiv beeinträchtigten Menschen einerseits, sowie körper- und sinnesbehinderten Menschen andererseits, kaum finden lässt. Weiter wird sich zeigen, dass sich beide Gruppierungen unisono dafür aussprechen, wonach PD die Akzeptanz von schwer geistig und mehrfach behinderten Menschen massiv herabsetzen würde. Dabei wird oft auch auf die „Vernichtung unwerten Lebens" aus der Zeit des Nationalsozialismus rekurriert. Empirische Belege für diese teilweise massiven Vorwürfe vermögen meines Erachtens beide Gruppierungen nicht zu erbringen.

Im fünften Abschnitt sollen die Überlegungen zum Einfluss von PD auf die Akzeptanz von schwerer Behinderung aus moralphilosophischer Sicht erörtert werden. In diesem Abschnitt werde ich zudem auf die Begriffe Menschenwürde, Achtung und Lebensrecht näher eingehen. Ich plädiere dabei für ein abgestuftes Würdeverständnis und unterscheide zwischen Würde und Respekt, d.h. ich gehe von einer eingeschränkten Würde bei vollem Respekt für schwer geistig und mehrfach behinderte Menschen aus.

Im sechsten Abschnitt schliesslich werde ich die Kernthese im Lichte der bisher gemachten Untersuchungen erläutern, d.h. warum meines Erachtens die Nutzung der PD mitsamt eines möglichen Schwangerschaftsabbruchs aufgrund eines „positiven Befunds" keine Auswirkungen auf die gesellschaftliche Akzeptanz von schwer- und mehrfach behinderten Menschen hat. Dabei werde ich aber auch zwei Gegenargumente zu dieser These genauer untersuchen: Dies ist zum einen die Behauptung, „Quantität" könne in „Qualität" umschlagen, d.h. die zusätzliche und routinemässige Nutzung der PD zwecks Identifizierung und Verhinderung von Behinderung führe zu einer grundlegenden Neubewertung der Akzeptanz von lebenden Behinderten. Zum anderen ist dies die Behauptung, durch die zeitliche Vorverschiebung des Befundes einer Behinderung in die pränatale Phase nehme der psychologische Druck zum Abbruch behinderten Lebens ab, was ebenfalls Auswirkungen auf die Akzeptanz lebender Behinderte habe. Diese beiden Punkte werde ich im Licht der Tatsache, dass (zumindest in den Industrieländern) für Menschen mit Behinderung in der Nachkriegszeit im Vergleich zur Vergangenheit wesentlich mehr getan wird in Form von gesetzlichen Bestimmungen, Ausbildungen im sonderpädagogischen Bereich, Institutionen usw.

2. Grundlagen

2.1 Menschen mit schwerer geistiger und mehrfacher Behinderung

In dieser Arbeit beziehe ich mich ausschliesslich auf Menschen mit geistiger bzw. schwerer geistiger Behinderung. Diese werden in der Heilpädagogik oft auch als Menschen mit „schwerer und mehrfacher Behinderung" bezeichnet. Die Ursachen für diese Behinderungen werden üblicherweise in drei Kategorien eingeteilt (Müller 2001):

- Pränatale Schädigungen, z.B. aufgrund von Stoffwechselstörungen, Erkrankungen der Mutter (Virusgrippe, Hepatitits, Diabetes), Chromosomenveränderungen, Genmutationen infolge radioaktiver Strahlung oder Chemikalien, oder durch fruchtschädigende Medikamente.
- Perinatale Schädigungen, z.B. durch Sauerstoffmangel während der Geburt oder Geburtsverletzungen.

– Postnatale Schädigungen, z. B. aufgrund von Infektionen, Schädel-Hirn-Trauma oder Hirnschädigung wegen Sauerstoffmangel (z. B. als Folge von Ertrinkungsunfällen).

Die „klassische" Definition für den Schweregrad einer Behinderung orientiert sich am Grad der Abhängigkeit der Betroffenen: „Schwerste Behinderung" liegt vor, wenn extreme soziale Abhängigkeit besteht, d. h. eine selbständige Lebensführung und insbesondere die Selbstversorgung umfänglich (d. h. durchgängig hinsichtlich vieler Funktionen in vielen Bereichen und Situationen), längerfristig (d. h. nicht nur vorübergehend) und schwerwiegend (d. h. extrem vom Regelbereich abweichend) eingeschränkt ist (Weingärtner 2006, 37). Solche Personen werden in der Regel in Heilpädagogischen Schulen betreut. Auch Personen, die sich in einem dem Wachkoma ähnlichen Zustand befinden (z. B. Kinder nach Ertrinkungsunfällen), fallen unter die Kategorie „schwerste Behinderungen" und werden zunehmend in Heilpädagogischen Schule platziert (Bonfranchi 2006b).

Für meine Fragestellung ist die Unterscheidung zwischen schwer geistig und mehrfach behinderten Menschen einerseits, und Menschen mit Körper- und Sinnesbehinderung andererseits, wichtig. Erstens, weil erstere in einem weit grösseren Masse auf Assistenz und Unterstützung angewiesen sind und ihnen auch wichtige Fähigkeiten zur Wahrnehmung von Autonomie und Selbstständigkeit fehlen. Zweitens, weil die voranschreitende Technologisierung der Lebenswelt die beiden Gruppen immer deutlicher voneinander trennt, wie ab Seite 87 in diesem Buch dargelegt wird (vgl. auch Bonfranchi 2006c, Lenk 1971).

Interessant und wichtig für die Fragestellung ist zudem, dass in der modernen technologischen Zivilisation die Zahl von Menschen mit geistiger und mehrfacher Behinderung deutlich grösser ist als in vortechnologischen Gesellschaften (Bonfranchi 2005). Dies aus zwei Gründen: Erstens bestehen heute mehr Möglichkeiten, Menschen mit schweren Schädigungen des Gehirns, die früher gestorben wären, zu retten. Es handelt sich hierbei insbesondere um Menschen, die nach einem schweren Schädel-Hirn-Trauma bzw. Sauerstoffmangel (Ertrinkungsunfälle, Verkehrsunfälle etc.) überleben, aber auch um Frühgeburten. Diese sogenannten „Frühchen" werden in der 24. bis 26. Schwangerschaftswoche geboren und müssen mit Intensivmassnahmen am Leben erhalten werden. Das Risiko, behindert zu sein, ist bei dieser Gruppe um ein Vielfaches grösser als bei einem normal geborenen Kind. Zweitens erhöht sich das Risiko für Kinder, die mit Chromosomenveränderungen geboren werden (vorab bei Trisomie 21) mit steigendem Gebäralter der Frau. Da in der westlichen Welt im Durchschnitt immer ältere Frauen Kinder gebären, müsste die Rate von Kindern mit Down-Syndrom ansteigen (Binkert et al. 1999). Dass dies nicht passiert ist, zeigt den Effekt der PD, zumal Trisomie 21 verhältnismässig leicht nachgewiesen werden kann. Da zudem Kinder mit Down-Syndrom vergleichsweise leicht behindert sind, findet in den heilpädagogischen Institutionen eine Abnahme des Anteils von leicht geistig behinderten Menschen hin zu schwer und mehrfach behinderten Menschen statt.[3]

Da die Frage nach der Akzeptanz von geistig und mehrfach behinderten Menschen im Zentrum dieser Arbeit steht, folgen einige Einschätzungen zu diesem Punkt. So hat Jonas (1990) in einer Studie dargelegt, dass die immensen Bemühungen, die seit der Moderne (also etwa ab dem 20. Jahrhundert) im Bereich der Heilpädagogik allgemein unternommen worden sind, sehr oft auch damit zu tun haben, dass Behinderung abgewehrt und nicht existent gemacht werden soll. Als Beleg für diese These gilt die nicht stattgefundene Integration von Menschen mit geistiger Behinderung in die Gesellschaft. Menschen mit geistiger Behinderung, obwohl sie zahlenmässig gar keine so kleine Gruppe sind, werden marginalisiert (Klee 1980, Bächtold 1981, Feuser 1995). Sie werden an den Rand gedrängt – oft im Wortsinn, d.h. Sonderschulen und Wohnheime für Menschen mit geistiger Behinderung befinden sich oft an den Rändern von Städten. Die Gesellschaft entledigt sich des Umgangs mit geistig behinderten Menschen, indem sie diese einerseits ausgrenzt und andererseits einen Apparat an Institutionen und Berufsleuten unterhält, der sich des Problems annimmt und quasi als Stellvertreter für die Gesellschaft fungiert.

Rommelspacher (1999, 205) hat unter dem Titel „Behindertenfeindlichkeit" einen Katalog von sittlichen Haltungen und Einstellungen gegenüber solchen Menschen erstellt, der die ausgrenzenden gesellschaftlichen Strukturen aufzeigen soll:

---

3 Festzustellen ist im Übrigen auch eine Zunahme der Zahl von Kindern, die von Lernbehinderung (Verhaltensauffälligkeiten, Aufmerksamkeits-Defizit-Syndrom, Psycho-Organisches Syndrom etc.) betroffen sind, was hier nur am Rande vermerkt werden soll.

1. De-Thematisierung, d.h. keine Erwähnung von, keine Erinnerung und kein Interesse an geistig behinderten Menschen.
2. Überbetonung der Behinderung, d.h. Identifikation der behinderten Menschen mit ihrer Behinderung.
3. Direkte Feindseligkeit, besonders gegenüber behinderten Menschen, die Stärke und Selbstbewusstsein signalisieren.
4. Paternalistische Fürsorge, die Menschen mit Behinderungen primär als Opfer und Hilfsbedürftige sieht – immer als Nehmende, nie als Gebende.
5. Vermeidungsverhalten, wonach man Menschen mit Behinderungen aus dem Weg zu gehen versucht.
6. Projektionen von Ängsten und Konflikten, die die behinderten Menschen für das eigene Unbehagen verantwortlich macht.
7. Einstellungen, die Menschen mit Behinderungen einen geringeren Anteil an Leben, Sexualität, Glück, Erfolg, Macht etc. zugestehen möchten.

Young wiederum zählt die Marginalisierung als eine der für sie zentralen fünf Formen der Unterdrückung auf, die durch „Nutzlosigkeit, Langeweile und mangelnde[r] Selbstachtung" (Young 2002, 334) gekennzeichnet ist.

Ausgehend von diesen Einschätzungen muss man feststellen, dass es trotz – vielleicht gar wegen – der Existenz des sonderpädagogischen Apparates, der in der Nachkriegszeit des 20. Jahrhunderts besonders intensiv ausgebaut worden ist, nicht zu einer Integration insbesondere von schwer behinderten Menschen gekommen ist. Feuser (1995, 20) spricht denn auch von einem „Mythos Sonderpädagogik" und benennt auch den „teuren Erziehungsaufwand" (ders., 61), den die Gesellschaft bereit ist, für schwerbehinderte Menschen zu leisten, den sie aber gleichzeitig mit Hilfe moderner Technologien (eben der PD) wieder abbauen möchte. Es sei unzweifelhaft, dass es ein Bestreben jeder Gesellschaft ist, die im „überkommenen Sinne als unproduktiv und volkswirtschaftlich kontraproduktiv erachteten Schwerstbehinderten" (ders., 61) einzusparen. Fröhlich weist zudem darauf hin, dass die Privatheit einer Geburt durch die Schwere der Behinderung zu einer öffentlichen Angelegenheit wird: „Schmerz und Verzweiflung über eine misslungene Entwicklung werden von Ratschlägen, Empfehlungen und Anweisungen zugedeckt" (Fröhlich 1986, 256).

Zur Illustration dieses Punktes hier eine kurze Schilderung einer
Mutter, die sich aufgrund eines positiven Befundes nach einer PD entschliesst, ihren Fötus abzutreiben (aus Stoller 1996: 29–37):

> Doch mit grosser Wahrscheinlichkeit ist es eine der schlimmsten Missbildungen überhaupt. Offener Rücken [...]. Was folgt, könnte man mit einem Alptraum vergleichen [...]. Es kann einfach nicht sein [...]. Nein, nein und nochmals nein. [...] Panik ergreift mich. Es gibt kein Entrinnen. [...] Es kann nichts dafür. Es ist trotz allem unser Kind und verdient unsere ganze Zuneigung und Liebe. [...] Es ist schwierig, etwas annehmen zu können, von dem man vorerst einmal nur die schlechte Seite kennt. [...]. Die Entscheidung und Verantwortung liegt ganz alleine bei uns. Zwar raten einem die Ärzte, dass es vernünftig wäre, die Schwangerschaft unter diesen Umständen abzubrechen. Doch wir sind es, die den Entscheid moralisch verantworten müssen. [...] Ich bin gezwungen dieses wunderbare Leben zu beenden.

Wir stellen also fest, dass dem Personenkreis, um den es hier geht, von Seiten der Gesellschaft in höchst ambivalenter Art und Weise begegnet wird. Auf der einen Seite finden wir einen auf hohem Niveau agierenden Apparat der Heil- und Sonderpädagogik und auf der anderen Seite findet gleichzeitig eine Reduzierung der Zahl (mittels PD) bzw. Segregation dieser Menschen statt. Dies ergibt ein immenses Spannungsfeld, das sowohl von den lebenslang als auch von den professionell von Behinderung Betroffenen nur schwer auszuhalten ist (vgl. auch Cloerkes 2003, Wüllenweber 2004). Es wird später darum gehen, den Bogen zur Ethik zu schlagen und zu fragen, ob diese hier umrissene Marginalisierung von Menschen mit schwerer geistiger Behinderung als eine Form der Missachtung der Würde dieser Personengruppe zu verstehen ist.

2.2 Empirische Grundlagen zur Nutzung der Pränatalen Diagnostik (PD)

Seit den späten 1960er Jahren werden vorgeburtliche Untersuchungen wie die Sonografie (Ultraschall) und genetische Verfahren klinisch eingesetzt – zunächst nur in Risikosituationen, später dann vermehrt auch bei normalen Schwangerschaften. Besonders die Sonographie wird routinemässig in der Schwangerschaftsvorsorge eingesetzt und findet heute eine grosse Akzeptanz. Kennzeichen all dieser Methoden der Pränatalen Diagnostik (PD) ist, dass sie nur in den wenigsten Fällen therapeutische Eingriffe nach sich ziehen. Aus diesem Grunde kann ich hier auf die Bedeutung der Fötalchirurgie (d.h. Operationen am ungeborenen Kind) nicht näher eingehen, obgleich diesem medizinischen Bereich in absehbarer Zukunft wegen technischer Fortschritte eine grössere Bedeutung zukommen dürfte.

Die Pränatale Diagnostik umfasst grob drei Klassen von Methoden (vgl. Hürlimann et al. 2008):

- Bildgebung mittels Sonografie (Ultraschall): Dieses nichtinvasive Verfahren hat längst den Status einer Routineuntersuchung erlangt und wird im öffentlichen Bewusstsein oft gar nicht mehr als Pränatale Diagnostik wahrgenommen. In Tat und Wahrheit ist der Ultraschall immer noch das wichtigste Verfahren der PD und ermöglicht die Feststellung zahlreicher Abweichungen, die Anlass zu weiterführenden Untersuchungen geben.
- Pränatale Risikoeinschätzung: Hierbei handelt es sich um eine Kombination nichtinvasiver Verfahren (Anamnese der Mutter, Ultraschall, Erfassung von Blutwerten der Mutter), die Auskunft über die Wahrscheinlichkeit des Vorliegens bestimmter Schädigungen geben (z.B. Trisomie 21). Die bekanntesten Verfahren sind der sogenannte Ersttrimester-Test (wird zwischen der 11. und 14. Schwangerschaftswoche, SSW, durchgeführt) und der AFPplus-Test (wird in der 14. und 19. SSW durchgeführt). Ein sogenannt „positiver Befund" ist dann meist Anlass für ein invasives Testverfahren, da ein solcher keine sichere Aussage über das Vorliegen einer Schädigung gibt. Auch ist ein solcher Test nicht in der Lage, eine Schädigung sicher auszuschliessen.
- Invasive Testverfahren: Bei diesen Verfahren werden mittels Biopsie kindliche Zellen gewonnen, die dann mit verschiedenen zyto- und molekulargenetischen Methoden untersucht werden können, um Erbgutschäden oder Chromosomenabweichungen zu diagnostizieren. Die gängigen Verfahren sind die Chorionzottenbiopsie (hier werden Zellen aus der Fruchthülle des Kindes gewonnen; Durchführung frühestens in der 10 SSW), die Amniozentese (hier werden kindliche Zellen aus dem Fruchtwasser gewonnen; Durchführung frühestens in der 15 SSW) und die Nabelschnurpunktion (hier werden kindliche Zellen aus der Nabelschnur gewonnen; Durchführung frühestens in der 18 SSW). Die Nutzung dieser Verfahren geht mit

einem Fehlgeburtsrisiko von 0.5 bis 1.5 Prozent einher. Im Unterschied zur pränatalen Risikoeinschätzung liefern diese Verfahren sichere Befunde. Invasive Verfahren werden entweder bei Vorliegen positiver Befunde nach einer Risikoeinschätzung bzw. einem Ultraschall oder aber bei genetischer Vorbelastung der Eltern auf deren Wunsch durchgeführt.

Wichtig ist, dass mittels PD längst nicht alle Formen von Behinderung festgestellt werden können (insbesondere natürlich jene nicht, die perinatal entstehen, siehe dazu Abschnitt 2.1). Es gibt demnach auch mit der PD keine Garantie für die Geburt eines gesunden bzw. nichtbehinderten Kindes. Dieser Umstand bedeutet, dass der Wert der PD in der Gesellschaft, was die Vermeidung der Geburt eines behinderten Kindes anbelangt, möglicherweise überschätzt wird (vgl. dazu auch Körner 1992).

Kommen wir nun zu Einschätzungen der Bedeutung der PD. Bereits 1984 fand in der Schweiz ein gross angelegtes und – wie ich meine – für die weitere Entwicklung der PD bedeutungsvolles Symposium zum Thema „Verhütung angeborener Schäden des Zentralnervensystems" statt, das die entscheidenden Aspekte beinhaltet, die durch die PD angesprochen werden (Kamillo Eisner Stiftung 1984). Als Entscheidungsfaktoren für eine legitime Inanspruchnahme einer PD wurden genannt: die Machbarkeit, die Auftretenswahrscheinlichkeit von Schädigungen, die Kosten-Nutzen-Mittelverteilung und ethische Gesichtspunkte. Es sei hier stellvertretend ein Zitat aus dem Bericht des Symposiums wiedergegeben, das als Basis für die weiteren Ausführungen dienen soll. Es beinhaltet ein Statement von Prof. Gabriel Duc, dem damaligen Leiter der Abteilung für Neonatologie des Universitätsspitals Lausanne. Es geht in der genannten Textstelle darum, dass gegenüber den Möglichkeiten der Spitzenmedizin Skepsis angebracht werden soll, wenn diese Leben erhalten will, ohne dabei auch heilen zu können, was insbesondere auch in der Neonatologie ein Problem ist:

> Um die damit auftretenden Konflikte in Grenzen zu halten, befürwortet Prof. Duc vehement die Weiterentwicklung der pränatalen Diagnostik [unterstrichen im Org.]: Sie erlaubt es, Entscheidungen über Leben und Tod eines schwergeschädigten Kindes auf einen ethisch unbedenklichen, früheren Zeitpunkt vorzuverlegen. Das bedeutet Erleichterung auch für die betroffenen Eltern (Kamillo Eisner Stiftung 1984, 29).

Betrachten wir im Folgenden einige empirische Untersuchungen zur Einschätzung und zu den Kosten von PD. In einer Untersuchung vor bereits knapp 20 Jahren über die Akzeptanz reproduktionstechnologischer Verfahren in der Schweiz ergab eine repräsentative Umfrage in der Schweizer Bevölkerung folgende Resultate (Mäder 1992):

Verfahren	Zustimmung der Befragten in %					
	Männer			Frauen		
	dt	frz	it	dt	fr	it
PD allgemein	80	88	92	72	92	95
Abort nach PD	81	88	87	82	92	90
Geschlechtswahl nach PD	18	16	30	14	16	25
Konservierung von Sperma	77	75	72	70	64	71
Embryonenforschung	53	57	70	42	50	67

Erstaunlich ist hier die hohe Zustimmung zu PD zu einer Zeit, als diese noch längst nicht den heutigen Status hatte. Die Untersuchung zeigt zudem die hohe Akzeptanz einer Abtreibung als Folge eines PD-Befundes. Die Frage ist, welche Bedeutung diese Zahlen für die Entscheidungsfindung einer Frau haben, die schwanger ist und nach einer PD einen positiven Befund erhalten hat. Wäre es nicht denkbar, dass die Hemmschwelle für eine Abtreibung niedriger ist, wenn man weiss, dass es in der Gesellschaft eine hohe Akzeptanz gibt, einen mit einer Behinderung diagnostizierten Embryo abzutreiben? Wäre es nicht auch denkbar, dass sich die Frau – auch wenn der Entscheid zum Schwangerschaftsabbruch schmerzhaft ist – in einer Gemeinschaft aufgehoben fühlt, wenn Abtreibung aufgrund einer Behinderung sozial anerkannt ist? Vermeidet die Frau dadurch nicht den Vorwurf, dass „so" ein Kind wirklich nicht hätte geboren werden müssen, ja sogar nicht hätte geboren werden sollen? Der Schwangerschaftsabbruch erhält so einen doppelten Sinn. Zum einen könnte sich die Frau von der Last und Mühe des Lebens mit einem behinderten Kind befreien und zum anderen befreit sie auch noch die Gesellschaft von einer grossen, insbesondere finanziellen Last. Inwieweit diese Last nur subjektiv empfunden wird, spielt keine Rolle.

Wie die Belastung nach der Geburt eines schwerbehinderten Kindes erlebt wird, wurde in einer gross angelegten Studie von Fröhlich thematisiert. Er kommt zum Schluss: … „dass es Belohnungssysteme für Mutterliebe gibt, die aber alle versagen, wenn das Objekt dieser gesellschaftlich geforderten Mutterliebe ein schwerstbehindertes Kind ist" (Fröhlich 1986, 255). Fröhlich weiter: „Ihre Identität als Frau geht in der Ambivalenz von geforderter Mutterliebe und Selbstbehauptung oft verloren, als Partnerin eines in seiner Weise ebenso belasteten Mannes gerät sie in eine fast ausweglose Isolation" (ders. 255).

Eine weitere Untersuchung zur Akzeptanz der PD stammt aus dem Jahr 1996. 77% der in der Studie von Kullmann befragten Frauen gaben an, „dass sie es einem behinderten Kind nicht zumuten wollten, geboren zu werden. Eine Benachteiligung für die Geschwister befürchteten insgesamt gut 60%, eine Belastung der Partnerschaft 55% der Frauen. Eine mögliche Isolierung der Familie hat bei 41%, eine erwartete Beeinträchtigung ihrer finanziellen Situation bei 34% eine Rolle gespielt" (Kullmann 1996, 1996). Bei diesen Zahlen kann davon ausgegangen werden, dass viele Frauen im Sinne einer sozialen Erwünschtheit geantwortet haben, d.h. dass die wirklichen Zahlen vermutlich noch um einiges höher liegen, wenn die beschriebene Situation aktuell und konkret eintritt. Darauf verweist auch Kuhlmann, der berichtet, dass bei einer Gruppe von Befragten, die der PD negativ gegenüberstanden, dann aber doch 90% für eine PD votierten, wenn sie Eltern eines Kindes werden würden, bei dem eine Muskelatrophie diagnostiziert worden wäre.

Eine neuere Untersuchung stammt aus dem Jahr 2005. Krones (2005) analysierte die Haltung zur PD unterschiedlicher Gruppen mittels qualitativer Interviews. Bei den Experten ergab die Befragung, dass auf einer Skala von 1 (sehr ablehnend) bis 6 (sehr befürwortend) Ethiker mit 4.0 zustimmten, dass die PD zur Anwendung gelangen soll. Gynäkologen und Reproduktionsmediziner erreichten mit 5.1 den höchsten Wert. In der Bevölkerung wurden diese Interviews auch durchgeführt. Hier lautete die Frage, ob die PD auf einer Skala von 1 bis 4 als moralisch nicht bedenklich bis moralisch sehr bedenklich, bewertet werden sollte. Der Durchschnitt lag bei 1.7, wobei sich kein signifikanter Unterschied bei den Geschlechtern zeigte. Das heisst, dass sich sowohl Experten als auch (potenzielle) Eltern darüber einig sind, dass die PD befürwortet und als moralisch nicht sehr bedenklich eingestuft wird. Die Experten waren zudem der Meinung, dass die PD negative Konsequenzen hätte für Menschen mit Behinderung. Die Streuung lag hier aber sehr weit auseinander (33–80%), was ein nicht sehr aussagekräftiges Mittel von 57% ergibt. Das Ergebnis zeigt vielmehr, dass bei dieser für diese Arbeit zentralen Frage die Meinungen stark differieren.

Ein (mindestens implizit) wichtiger Faktor bei der Beurteilung der Bedeutung der PD sind die ökonomischen Kosten. In der Studie von Scherer (1996) wird untersucht, wie sich Kosten der PD einerseits, und Ersparnisse im Gesundheitswesen andererseits, zueinander verhalten. Sie griff dabei auf eine Hochrechnung zurück, die Gutzwiller et al. bereits 1985 durchgeführt hatten. Die Resultate dieser Studie waren unter anderem Anlass dafür, die Einführung eines allgemeinen AFP-Screenings vorzuschlagen und jeder schwangeren Frau die Tests der PD zu empfehlen. In der Studie werden die Kosten eines sogenannten AFP-Screening[4] und anderer Verfahren der PD wie folgt bestimmt (gesamtschweizerische Schätzung basierend auf 75'000 Schwangerschaften pro Jahr):

	Kosten Einzeluntersuchung	Zahl der Untersuchungen	Kosten der Untersuchungen
Erste AFP-Bestimmung	à 33.–	75'000	2'475'000.–
Ultraschall	à 100.–	1'400	140'000.–
Zweite AFP-Bestimmung nach auffälligem ersten Resultat	à 33.–	1'000	33'000.–
Ultraschall/Amniozentese	à 300.–	700	210'000.–
Interruptiones	à 2'000.–	120	240'000.–
Total			3'098'000.–

Das sind die Kosten, die durch ein AFP-Screening anfallen würden, mit dem 140 Kinder mit schweren fetalen Missbildungen entdeckt werden können (120 würden abgetrieben). Diese Kinder würden folgende Kosten im Gesundheitswesen verursachen:

---

[4] Bei diesem Test wird das Alpha-Fetoprotein, ein Albumin-ähnliches Protein des fetalen Serums bestimmt. Erhöhte AFP-Werte können u. a. ein Hinweis auf Neuralrohrdefekte (wie offener Rücken) oder Bauchwanddefekte (wie Omphalocele oder Gastroschisis) sein.

	Kosten
ca. 60% sterben (= ~84) perinatal	0.–
ca. 15% sterben innerhalb eines Jahres	2'100'000.–
ca. 15% sterben innerhalb von 5 Jahren	5'250'000.–
ca. 10% (= ~14) sind lebenslang invalid	14'000'000.–
Total	23'350'000.–

Ich will hier auf die moralische Wertung solcher Kosten-Nutzen-Analysen nicht weiter eingehen (siehe dazu Bonfranchi 1997, Kap. 5). Diese Zahlen zeigen aber ein Motiv dafür, warum in den letzten Jahren die Forschung und Anwendung der PD vorangetrieben worden ist. Sie zeigen, dass nicht nur der Wunsch, kein Kind mit Behinderung zu wollen, der PD eine hohe gesellschaftliche Akzeptanz verschaffen, sondern auch die damit verbundenen immensen Einsparungen bzw. der volkswirtschaftliche Nutzen. Diese Studie kommuniziert dabei auch die Botschaft, dass ein behindertes Kind sozio-ökonomisch quasi nicht vertretbar ist. So kommt denn auch Swientek bei seiner Beurteilung der PD zur Aussage: „Die ‚Behindertenfrage' ist in erster Linie eine Geldfrage!" (Swientek 1998, 110). So wichtig die ökonomische Frage auch ist, soll sie aber an dieser Stelle nicht mehr weiter verfolgt werden, weil sie für die Themenstellung dieser Arbeit nicht zentral ist.

Wichtiger für den Kontext dieser Arbeit ist, dass die Existenz der PD offenbar auch dazu führt, dass Abbrüche auch für „leichtere" Behinderungen ein Thema werden. So schreibt Amstad (2005, 1): „Es kann auch vorkommen, dass Eltern selbst bei einer leichten Missbildung (Lippen-Kiefer-Gaumenspalte, deformierte Extremität) auf einen Abort drängen – spätestens hier drängen sich schwerwiegende ethische Bedenken auf." Interessant erscheint mir zudem die von Porz et al. (2005) gemachte Feststellung, dass die Sichtweise gegenüber der PD (in diesem Fall Ultraschall) vonseiten der Ärzte im Vergleich zu derjenigen der Mutter unterschiedlich ist. Die Autoren finden auf der einen Seite einen diagnostischen Blick, der entweder zu einem Normal-Befund oder zu weiteren medizinischen Massnahmen führt (der schliesslich in einen Abbruch der Schwangerschaft führen kann). Bei der Mutter hingegen ist das Ultraschall-Bild primär einmal ein Instrument dafür, um mit dem künftigen Kind eine Beziehung aufzubauen. Die Aussage des Arztes führt dann entweder zu einer Beruhigung oder zu einer unerwarteten Grenzsituation, wie die Autoren dies benennen. Bei solchen

Situationen spielt der Prozess der Beratung eine sehr wichtige Rolle, was hier aber nicht weiter ausgeführt werden kann (vgl. dazu Hürlimann et al. 2008).

Kemp (1992) hat eine Übersicht der Gründe zusammengestellt, die zu einem Schwangerschaftsabbruch nach PD führen können. Die Gründe werden in drei Kategorien eingeteilt: Solche, die unwidersprochen eine Abtreibung legitimieren, solche, bei denen dies diskutabel ist, und solche, die eine Abtreibung nicht rechtfertigen. Diese Kategorien werden wie folgt beschrieben:

Erste Kategorie:

1. Der Schaden wäre mit einem Leben nach der Geburt unvereinbar.
2. Das Kind würde krank geboren werden und vermutlich innerhalb der nächsten vierundzwanzig Stunden sterben.
3. Das Kind würde gesund geboren, danach aber erkranken und sterben, noch ehe es erwachsen ist.

Zweite Kategorie:

1. Das Kind wird das ganze Leben krank oder behindert sein und verstärkt Fürsorge und Unterstützung von seiner Umgebung brauchen.
2. Das Kind wird mit Missbildungen oder einer Krankheit geboren, die man durch Operationen oder medizinische Behandlung korrigieren kann.
3. Das Kind wird mit Anlagen zu einer bestimmten Krankheit geboren, die sich zu irgendeinem Zeitpunkt im Erwachsenenleben zeigt und vermutlich die Lebensdauer verkürzt.

Dritte Kategorie:

1. Das Kind ist vermutlich gesund, hat aber Anlagen zu einer genetischen Krankheit, die das Kind weitervererben wird.
2. Das Kind ist gesund, hat aber eine von den Eltern nicht gewollte Eigenschaft (z.B. es ist weiblichen Geschlechts).

Diese Auflistung zeigt, dass der Grad der Behinderung darüber entscheidet, inwieweit dem Embryo oder Fötus ein Lebensrecht zugebilligt wird. Diese Haltung ist eine historische Konstante, wie Abschnitt 3 zeigen wird, und es könnte spekuliert werden, dass sie eine Folge der evolutionären Geschichte der Menschheit darstellt, d. h. unabhängig von geografischen und kulturellen Faktoren ist.[5]

Die bislang geschilderten Daten zur Akzeptanz der PD sowie einer Abtreibung als Folge eines PD-Befundes wirkt sich natürlich auch auf die Nutzung der PD aus. Lenhard (2005) stellt in einer Untersuchung fest, dass ab 1989 der Prozentsatz der pränatal diagnostizierten Fälle von Trisomie 21 deutlich angestiegen ist und bis 1999 fast 80% aller PD-Diagnosen erreicht hat. Während 1980 76% der Frauen nach einem positiven PD-Befund einen Schwangerschaftsabbruch durchführen liessen, waren es 1989 über 88%. Beim Befund „Trisomie 21" liegt die Rate der Abbrüche mit 91.5% am höchsten. Dies hängt wohl damit zusammen, dass die Vorstellung, was hierbei auf die Eltern nach der Geburt zukommt, am klarsten ist. Bei der Anenzephalie beträgt die Abbruchrate lediglich 77% – was aber damit zusammenhängen könnte, dass die meisten dieser Kinder in der Regel bereits vor, während oder einige Tage nach der Geburt versterben. Der Anteil von Kindern mit Down-Syndrom an der Gesamtzahl aller Geborenen, hat sich laut einer Studie von Wilken (2002) im Laufe von über zwanzig Jahren (1980–2003) im deutschen Bundesland Baden-Württemberg um die Hälfte reduziert (vgl. dazu auch Bonfranchi 1996). Wiesner (2006) schliesslich stellt fest, dass trotz des Rückgangs der Nutzung invasiver Methoden in den letzten Jahren die Zahl der diagnostizierten Down-Syndrom-Befunde um rund die Hälfte zugenommen hat – dies als Folge der zunehmenden Nutzung der pränatalen Risikoeinschätzung vor einem invasiven Eingriff. Auch nimmt die Altersindikation als Grund für die Inanspruchnahme der PD an Bedeutung ab, d. h. aufgrund einer verfeinerten Ultraschall-Diagnostik und der leichten Verfügbarkeit der pränatalen Risikoeinschätzung nehmen auch immer mehr jüngere Frauen PD in Anspruch.

Die starke Akzeptanz der PD und ihre daran geknüpfte breite Nutzung prägen schliesslich die Wahrnehmung und damit das Verhalten der werdenden Mutter. Umfasste früher die vorgeburtliche Untersuchung der schwangeren Frau lediglich das Abtasten des Bauches der werdenden Mutter und das Abhören der Herztöne des Kindes, so kann heute mit-

---

5 Zur Illustration: Ein Aborigine teilte mir im Sommer 2007 bei einem Besuch im australischen Outback mit, dass ein Säugling, bei dem bei der Geburt eine Behinderung festgestellt werde, im Busch liegen gelassen werde: „Der Dingo würde es holen."

tels der PD ein wesentlich genaueres Bild von dem zu erwartenden Kind gezeichnet werden. Somit kommt es zu einer geteilten Verantwortung, indem ein Teil dieser Verantwortung über den Verlauf der Schwangerschaft an die Medizin delegiert wird. Bereits 1992 schrieben Degener und Köbsell:

> Zur Rechtfertigung der Ausweitung der pränatalen Tests berufen sich die BetreiberInnen auf die ‚Ängste' der Frauen. Der Frage jedoch, woher diese Ängste kommen und ob ihnen auch anders als mit Tests begegnet werden könnte, geht vorsichtshalber kaum jemand nach (Degener & Köbsell 1992, 31).

Es ist davon auszugehen, dass sich dieser Zustand in der heutigen Zeit kaum verändert, eher sogar noch verstärkt hat. Dies deswegen, weil sich die Diagnostikmethoden im Laufe der Zeit weiter verbessert haben und weil der gesellschaftliche Druck, von der PD auch Gebrauch zu machen, eher noch gestiegen ist. Diese These wird auch durch die Beobachtung gestützt, dass die Krankenkassen in der Schweiz ab dem 35. Lebensjahr der schwangeren Frau die Kosten der Tests übernehmen. Die Medizinethikerin Arz de Falco (1991, 78–9) stellt schliesslich fest:

> Die individuelle Entscheidung einer Frau für oder gegen die Austragung eines vermutlich behinderten Kindes ist im hohen Masse durch den gesellschaftlichen Umgang mit Krankheit, Leid und Behinderung vorkonstruiert. Die Segregation und Diskriminierung von Kranken und Behinderten verhindern eine realitätsgerechte Auseinandersetzung mit den spezifischen Problemen bestimmter Behinderungen und schüren die irrationale Angst aller Schwangeren, ein behindertes Kind zur Welt zu bringen.

Die PD schafft somit eine normative Kraft des Faktischen, der sich die schwangere Frau kaum noch entziehen kann. Die Wirkung dieser Kraft wird im Buch der Kinderkrankenschwester Caroline Stoller „Eine unvollkommene Schwangerschaft" (1996) exemplarisch gezeigt. Sie beschreibt dort ihre Gefühle, nachdem man ihr nach einer PD eröffnet hat, dass sie ein behindertes Kind erwarten würde.

Wichtig erscheint mir auch, dass die Diskussion, ob es sich beim Embryo um ein Wesen handelt, dem potenziell Würde und Autonomie (d.h. ein moralischer Status) zugeschrieben werden kann oder nicht, in diesem Zusammenhang nicht relevant ist. Diese Diskussion, die vorab in der ethischen Beurteilung der Embryonenforschung aufgekommen ist, scheint mit Bezug auf den Schwangerschaftsabbruch gesellschaftlich und juristisch entschieden: Die Frau kann nach einem positiven PD-Befund abtreiben. Aber nur weil dies heute straffrei möglich ist, heisst das noch lange nicht, dass eine Frau damit nicht auch ein ethisches Problem haben kann, wie das Stoller ja ausreichend belegt. Die werdende Mutter beschäftigt sich dann aber nicht mit der Frage, ob dem Embryo ein moralischer Status zugebilligt werden kann oder nicht. Im Zentrum steht die Frage, ob sie ein Kind bekommen soll, dass eine Behinderung haben wird – wobei unklar ist, wie schwer diese Behinderung sein wird bzw. was es genau in unserer Gesellschaft bedeutet, ein Kind mit einer Behinderung zu haben. Bemerkenswert ist hier die Darstellung des (Deutschen) Nationalen Ethikrates. Dieser schreibt: „Für die Schwangere bzw. die Eltern kann die Geburt eines Kindes mit schwersten Behinderungen aus verschiedenen Gründen ein kaum zumutbares Leid darstellen. Die Indikation leitet sich daher bei der PND [= PD] und PID aus der Intention ab, das antizipierte Leid der Eltern abzuwenden" (Nationaler Ethikrat 2003, 62). Damit wird klar ausgesagt, dass die zu erwartende Behinderung in der Regel immer aus der Sicht der Eltern und ihrer Wahrnehmung dieses Phänomens beurteilt wird.

Die Entlastung für die Gesellschaft durch die PD ist ebenfalls evident. Durch die PD entstand (wohl zum ersten Mal in der Geschichte) denn auch die Haltung, dass eine Frau, die PD nicht in Anspruch nimmt, für die Folgekosten des behinderten Kindes selber aufzukommen hat. Radtke schreibt dazu (1994, 43):

> Ist es wirklich nur ein Hirngespinst einzelner Phantasien, wenn davor gewarnt wird, dass Eltern, die ein behindertes Kind trotz entsprechender „Information" durch die genetische Beratungsstelle zur Welt bringen, in einigen Jahren selbst für daraus entstehende Kosten aufkommen müssen?

Nun, soweit ist es bis heute noch nicht gekommen, aber der Gedanke hält sich hartnäckig und verfehlt wohl seine psychologische Wirkung nicht. Dennoch ist zumindest in der Schweiz vorläufig keine Gefahr einer finanziellen Benachteiligung im engeren Zusammenhang mit der PD erkennbar.

Aufgrund dieser Überlegungen stellt sich natürlich die Frage, inwieweit durch PD die Entscheidungsfreiheit der Schwangeren (bzw. des Paares) wirklich verbessert wurde. Natürlich weckt PD die Hoffnung für die einzelne Frau (Familie), dass sie kein behindertes Kind mehr zu bekommen braucht, was bis zu einem gewissen Grad ja auch stimmt. Diese Hoffnung wird, von der Gesellschaft her betrachtet, nicht nur nicht erlaubt, sondern möglicherweise gar in einen entsprechenden Druck gemünzt. Deshalb ist es auch nicht verwunderlich, dass es in den allermeisten Fällen nach einem positiven Befund zu einer Abtreibung kommt. Die freie Wahl der Entscheidung der PD, wie sie zum Teil von liberalen Kreisen postuliert worden ist, erscheint dann wohl kaum mehr als eine Spiegelfechterei (vgl. Reif 1990). Die Nutzung der PD kann in der heutigen Gesellschaft westlicher Industrienationen als Norm bezeichnet werden und es ist zu vermuten, dass ein weiterer Anstieg ihrer Nutzung erfolgen wird. Gründe hierfür sind das höhere Gebäralter der Frauen, die leichtere und bessere Verfügbarkeit der PD sowie die Tatsache, dass durch die PD eine höhere Sensibilität gegenüber unerwünschter Behinderung geschaffen wird. Ein weiterer Grund für die Ausweitung der PD könnte schliesslich auch die Befürchtung von Ärzten sein, „haftungsrechtlich zur Verantwortung gezogen zu werden, wenn sie die Schwangere nicht ausführlich aufgeklärt oder die Indikation zu einer invasiven PND abgelehnt haben" (Nationaler Ethikrat 2003, 72).

Die letzte hier zu behandelnde Frage ist nun schliesslich, ob empirische Befunde bestehen, die auf eine verminderte Akzeptanz behinderter Menschen durch die Nutzung der PD hinweisen. Diesbezüglich berichtet Krones (2008) von einem gross angelegten Kooperationsprojekt, in dem unter anderem Ansichten und Erfahrungen zu Pränataldiagnostik und Schwangerschaftsabbrüchen von deutsch- und türkischstämmigen Paaren, die eine genetisch mitbedingte Erkrankung haben und/oder weiter vererben können oder sich einer IVF Behandlung unterziehen, erhoben worden sind. Daneben wurden auch die Ansichten von mehr oder weniger direkt involvierten Expertengruppen (Hebammen, Humangenetiker, Pädiater, Ethiker und Gynäkologen/Reproduktionsmediziner) und der Gesamtbevölkerung untersucht. Insgesamt wurden über 60 qualitative und über 2000 standardisierte Befragungen durchgeführt. Zentral für diese Arbeit ist die Fragestellung, ob

> durch die Praxis der Pränataldiagnostik und die Durchführung von Schwangerschaftsabbrüchen aufgrund einer Behinderung implizit oder explizit, unbewusst oder bewusst die Botschaft an erwachsene Menschen mit Behinderungen ausginge, nicht erwünscht zu sein... (Krones 2008, 163).

Die Resultate ergaben keinen messbaren Zusammenhang zwischen der bisherigen oder auch antizipierten Nutzung der Pränataldiagnostik mit möglichem Schwangerschaftsabbruch und einer negativen Einstellung gegenüber Menschen mit Behinderungen – im Gegenteil: Diejenigen, welche die Pränataldiagnostik genutzt haben und nutzen möchten, lagen auf den Skalen eher im Bereich positiver Einstellungen gegenüber Behinderten im Vergleich mit Paaren, die keine Diagnostik genutzt haben oder nutzen möchten. Somit kann festgehalten werden, dass auf einer empirischen Ebene Aussagen eruiert worden sind, die keinen unmittelbaren Zusammenhang von PD und Diskriminierung von Menschen mit Behinderung festgestellt haben. Dies ist erstaunlich, wenn man berücksichtigt, dass alle Veröffentlichungen zu dieser Thematik aus den Bereichen der etablierten Heil- und Sonderpädagogik sowie der Krüppelbewegungen einen derartigen Zusammenhang behaupten.

2.3 Spätabtreibung

Für den Begriff „Spätabtreibung" gibt es keine einheitliche Verwendung. Zuweilen betrifft er Abbrüche nach gesetzlich festgelegten Fristen (demnach wäre der Begriff ‚Spätabtreibung' abgängig von der jeweiligen Gesetzeslage). Hier soll er für Abbrüche nach ca. der 23.–24. Schwangerschaftswoche verwendet werden – also zu einem Zeitpunkt, wo der Fötus auch ausserhalb des Mutterleibes lebensfähig wäre. Solche Schwangerschaftsabbrüche werden durch eine Geburtseinleitung vorgenommen (durch Gabe entsprechender Hormone). Da die starken, künstlich ausgelösten Kontraktionen der Gebärmutter das Kind nicht immer töten, wird vor einem solchen Eingriff oft ein sogenannter Fetozid[6] vorgenom-

---

6 Zu einem Fetozid kommt es heute weit häufiger im Rahmen der Fortpflanzungsmedizin – vorab in Ländern, in denen keine Einschränkungen hinsichtlich der Zahl implantierter, künstlich gezeugter Embryonen bestehen. Durch die Einbringung mehrerer in vitro gezeugter Embryonen in die Gebärmutter – aber auch als Folge von Hormonstimulation und Insemination – kann es dazu kommen, dass mehrere Kinder heranreifen, was mit entsprechenden Risiken einhergeht. Entsprechend können in solchen Fällen ein Teil der Embryonen mittels Fetozid abgetötet werden (Hülsmann 1992) – wobei auch in diesen Fällen jene Embryonen für die Abtötung selektiert werden, bei denen der PD-Befund (meist Ultraschall) allfällige Probleme aufgezeigt hat.

men, d.h. der Fötus wird im Mutterleib getötet (z.B. mittels einer Injektion von Kaliumchlorid).

Solche Abbrüche sind sehr selten, wobei aber genaue Zahlen kaum in Erfahrung zu bringen sind. Nach Wisser (1998, 103) müssen die folgenden Kriterien erfüllt sein, damit ein Schwangerschaftsabbruch jenseits der 23. Schwangerschaftswoche durchgeführt werden kann:

– Die Diagnose der kindlichen Erkrankung muss sicher sein.
– Es darf keine therapeutische Option, auch keine experimentelle, weder intrauterin noch postnatal geben.
– Die Erkrankung muss so schwerwiegend sein, dass sie in engem zeitlichen Zusammenhang zum Tode führt.
– Die Eltern zerbrechen an der für sie unlösbaren Konfliktsituation.
– Die ärztlichen Befunde bzgl. des Abbruchs bzw. der Gründe dafür müssen in Form eines Gutachtens festgehalten werden.

Das Motiv eines derart spät vorgenommenen Schwangerschaftsabbruchs unterscheidet sich nicht vom Motiv eines „normalen" (d.h. früher vorgenommenen) Abbruchs nach PD – genau genommen sind die Anforderungen an den Schweregrad der Behinderung sogar deutlich höher.[7] Interessant für uns ist aber, dass hier letztlich indirekt die Praxis der „Kindstötung" wieder Eingang in die Gesellschaft findet. Merkel schreibt dazu: „Sie [die Abtreibungshandlung] tangiert nun das Tötungsverbot und befindet sich damit in einem Raum des Öffentlichen, in dem Belange von anderem normativen Gewicht und anderer sozialer Dimension verhandelt werden als bei einer indizierten Abtreibung" (Merkel 2001, 238). Wenn man die Spätabtreibung in die Nähe des de facto (nicht de jure!) legalisierten Schwangerschaftsabbruches rückt, unterliege man, so Merkel, einer moralischen Selbsttäuschung.

---

7 Hier kann darauf hingewiesen werden, dass Mütter, bei deren Kindern eine Anencephalie diagnostiziert worden ist, sich nicht selten für eine „natürliche Geburt" entscheiden, weil damit die psychische Belastung eines Abbruchs verhindert wird und das Kind in der Regel wenige Tage nach der Geburt verstirbt (Jacquier et al. 2006). Zuweilen stellen sich hier auch schwierige Fragen im Rahmen der Transplantationsmedizin, weil solche Kinder potenzielle Organspender sind – ein Punkt, der hier nicht weiter diskutiert werden kann.

2.4 Präimplantations-Diagnostik (PID)

Wie in der Einleitung bereits ausgeführt, wird die Präimplantations-Diagnostik (PID) nur kurz behandelt. Sie muss aber hier Erwähnung finden, weil auch hier die Argumentation vorgebracht wird, dass die PDI „behindertenfeindlich" sei bzw. auf die Akzeptanz von Behinderung rückwirke.

Unter dem Begriff der PID werden zytologische und molekulargenetische Untersuchungen zusammengefasst, die dazu dienen, bei einem durch künstliche Befruchtung erzeugten Embryo bestimmte Erbkrankheiten und Besonderheiten der Chromosomen zu erkennen, bevor der Embryo in die Gebärmutter eingepflanzt wird. Üblicherweise wird dazu am dritten Tag nach der Befruchtung eine Zelle des Embryos, der sich in einem 4- bis 8-Zell-Stadium befindet, entnommen. Danach folgen die diagnostischen Untersuchungen mit dem Ziel festzustellen, ob eine Behinderung vorliegt oder nicht. Der grosse Unterschied liegt allerdings darin, dass das Untersuchungsobjekt der PID (der Embryo im 8-Zell-Stadium) sich noch nicht in einem intra- sondern einem extrauterinen Umfeld bewegt – d. h. es handelt sich noch gar nicht um eine Schwangerschaft. Die Beziehung zwischen Mutter und dem Embryo ist denn auch eine andere und die, in dieser Arbeit aufgezeigten Gewissensnöte von schwangeren Frauen, wie sie sich bei einem positiven Befund verhalten sollen, entfallen hier weitgehend. Das Problem spielt sich demnach eher in einem medizinischen denn einem individuell-persönlichen Umfeld einer Frau ab.

Ein zweiter Unterschied betrifft die Akzeptanz der PID. So besteht in praktisch allen Ländern, in denen PD angeboten wird, ein Konsens derart, dass diese Technik und ein möglicherweise danach folgender Schwangerschaftsabbruch akzeptiert sind. Bei der PID hingegen besteht dieser Konsens nicht. So gibt es Länder, in denen die PID bei einem IVF-Prozess erlaubt ist (z.B. Belgien, Frankreich, Grossbritannien), und Länder, in denen dies nicht der Fall ist (z.B. Italien, Schweiz). Die Diskussionslage ist im Fluss, indem beispielsweise das Bundesverfassungsgericht in Deutschland im Juli 2010 das bislang geltende faktische Verbot der PID aufgehoben und das Verfahren für ausgewählte Fälle zugelassen hat. Auch in der Schweiz ist eine politische Diskussion im Gang, die eine Zulassung von PID anstrebt. Durch diese Unterschiede nur schon innerhalb Europas kommt es auch zu einem „PID-Tourismus", auf den ich aber nicht näher eingehen werde.

Die Argumente für ein Verbot der PID zielen einerseits auf den moralischen Status des Embryos (ein Punkt der wie dargelegt bei der PD kaum eine Rolle spielt) und andererseits auf die „Selektion" der Behinderten (was faktisch ja auch durch die PD geschieht). Da sich PD und eine daran geknüpfte Abtreibung auf einen gesellschaftlichen Konsens stützen, dürfte ein solcher vermutlich bald auch bei der PID einsetzen. Auf die für diese Arbeit wesentliche Frage, ob die PID „behindertenfeindlich" ist bzw. die Akzeptanz von Behinderten vermindert, ergeben sich allerdings für mein Dafürhalten keine Unterschiede zwischen PD und PID. Beide Techniken dürften einen vergleichbaren Effekt auf die Haltung gegenüber schwer geistig und mehrfach behinderten Menschen haben. Entsprechend muss für die nachfolgende Argumentation PID nicht gesondert untersucht werden.

3. Das Lebensrecht von Menschen mit schwerer Behinderung aus historischer Perspektive

In diesem historischen Abriss soll der Frage nachgegangen werden, inwieweit in früheren Zeiten das Lebensrecht von schwer geistig und mehrfach behinderten Menschen infrage gestellt bzw. wie mit ihnen umgegangen wurde. Dieser historische Einschub ist für meine Schlussfolgerungen wichtig, weil er aufzeigen soll, dass unser Denken gegenüber behinderten Menschen Ergebnis eines historischen Prozesses ist und das Aufkommen der PD Teil dieses Prozesses ist. Die PD sollte nicht als singuläres ethisches Problem bezeichnet werden, sondern muss im Zusammenhang mit den technologischen Entwicklungen unserer industrialisierten Welt betrachtet werden. Die folgenden Ausführungen beruhen weitgehend auf Bonfranchi 1977 (35 ff.).

3.1 Mesopotamien und Ägypten

Aussagen über diese Zeitepochen zu machen, fällt sehr schwer, da praktisch keine direkten Quellen vorhanden sind, die Aussagen über das Schicksal behinderter Kinder oder Erwachsener machen. Hingegen lässt sich aus überlieferten religiös-kultischen Anweisungen schliessen, dass diese Hochkulturen wenig behindertenfreundlich gewesen sein mussten. Es ist zu vermuten, dass Behinderung als Strafe der Götter angesehen wurde. Fragen rund um Krankheit, insbesondere auch psychischer Natur, gehörten in den Kompetenzbereich der Priester. Diese hatten die Aufgabe, die Götter zu versöhnen und Krankheiten bzw. Behinderungen zu verhindern. Behinderungen wurden vermutlich in magische Zusammenhänge gestellt, da man sie anders nicht in das eigene Weltbild einordnen konnte. Die folgende Textstelle, die Behinderung aus historischer Sicht aufarbeitet, (aus Meyer, H. in: Solarova, S. a.a.O. 1983, 86) mag dies näher erläutern:

> Wenn eine Frau eine Missgeburt gebiert, wird das Land Not ergreifen. Wenn die Königin eine Missgeburt gebiert, wird der Feind die Habe des Königs rauben. Wenn eine Frau einen Krüppel gebiert, wird das Haus des Menschen in Leid geraten. Wenn eine Sklavin ein Kind ohne Mund gebiert, wird die kranke Herrin des Hauses sterben.

Aus Ägypten ist bekannt, dass den Epileptikern eine gewisse Hochachtung entgegengebracht wurde – dies, weil Epilepsie nicht als Krankheit, sondern als magisch-religiöses Phänomen im positiven Sinne gedeutet wurde. Der Epileptiker stand in der besonderen Gunst der Götter.

3.2 Sparta, Athen, Rom

Dass im antiken Sparta behinderte Kinder unmittelbar nach der Geburt ausgesetzt bzw. in die Schluchten des Berges Taygetos geworfen wurden, ist weitgehend bekannt. Man bringt diese Praxis mit dem hohen Stellenwert des Militärs in Zusammenhang. Aus männlichen Kindern sollten primär tapfere, kräftige Krieger hervorgehen. Da waren behinderte Kinder erst recht eine unnötige Last. Hier gilt anzumerken, dass die Ausrichtung eines Staatswesens auf einen „Überlebenskampf", sei er fiktiv-politisch wie im Nationalsozialismus oder real wie z.B. bei einem Nomadenstamm in der Wüste, immer das Lebensrecht behinderter Menschen stärker in Frage stellt als in Zeiten gesicherten materiellen Wohlstandes.

Der gemeinhin im Vergleich zu Sparta als „kultureller" betrachtete Stadtstaat Athen ging keineswegs toleranter mit behinderten Menschen um. Massgebend war ein ästhetisch-harmonisch ausgerichtetes Welt- und Menschenbild, dem Behinderte nicht entsprechen konnten. Missgebildet geborene Kinder wurden deshalb ebenfalls getötet. Die griechischen Philosophen Platon, Solon und Aristoteles empfahlen Massnahmen wie Aussetzung und Tötung behinderter Kinder im Interesse des Gemeinwohls. Platon beispielsweise schreibt im 5. Buch in „Der Staat", das sich mit Eugenik und Gemeinschaft der Kinder auseinandersetzt (Platon 1973, 162):

> Die Kinder der tüchtigen Eltern werden sie [die Behörden] dann nehmen und in die Anstalt bringen, die irgendwo im Staate ihren besonderen Platz hat. Die Kinder der untüchtigen Eltern und etwaige verkrüppelte Kinder der tüchtigen werden sie an einem geheimen und unbekannten Ort bringen. So ziemt es sich.

In Rom erging es behinderten Kindern auch nicht besser. Über das Lebensschicksal behinderter Kinder entschied in der Regel der Gutsvorsteher (pater familias). Seinem Wohlwollen oblag es, ob ein Säugling getötet wurde oder weiterleben konnte. Behinderte Kinder, auch ältere, tötete man oft, wenn im Laufe der Zeit eine Behinderung festgestellt wurde, indem man sie in Flüssen ertränkte oder in Wäldern oder Wüsten aussetzte. Zuweilen wurden sie auch als Sklaven oder Narren verkauft – letzteres mag wohl häufig das Schicksal geistig behinderter Menschen gewesen sein. Die hatten der Unterhaltung wohlhabender römischer Bürger zu dienen. Um ihre „Attraktivität" noch zu steigern, wurden sie für diese Zwecke noch zusätzlich entstellt.

3.3 Beginn des Christentums/Mittelalter

Im frühen Christentum gibt es einige Texthinweise, die man mit der Frage nach dem Lebensrecht Behinderter in Zusammenhang bringen kann. So bestreitet Jesus den Zusammenhang von Sünde und Behinderung (Johannes 9, 1–3, Elberfelder Übersetzung):

> Und als er vorüberging, sah er einen Menschen, blind von Geburt. Und seine Jünger fragten ihn und sagten: Rabbi, wer hat gesündigt, dieser oder seine Eltern, dass er blind geboren wurde? Jesus antwortete: Weder dieser hat gesündigt, noch seine Eltern, sondern damit die Werke Gottes an ihm offenbart würden.

Das Christentum stützt die Ansicht, wonach Arme, Schwache, Geknechtete oder Ausgestossene auch eine Daseinsberechtigung haben. Dies war sicherlich ein entscheidender Wendepunkt, denn er führte auch dazu, dass sich eine Art Behindertenfürsorge gleichzeitig mit der Etablierung des Christentums einrichten konnte. Doch dies war ein mühevoller und langwieriger Prozess. Denn innerhalb des Christentums gab es sehr zwiespältige Tendenzen und Entwicklungen. Denn auch die Kirche hat Abnormes, nicht ihrer Regel Entsprechendes verteufelt, also als Strafe Gottes deklariert. So sind beispielsweise im Zug der Hexenverfolgung auch behinderte Menschen gefoltert und getötet worden.

Auch in der Reformation finden sich entsprechende Tendenzen. So hielt Luther an der sogenannten „Wechselbalg-Theorie" fest, wonach der Teufel den Eltern gelegentlich das gesunde Kind wegnimmt und durch ein behindertes ersetzt. Dies kann bereits vor der Geburt oder kurz danach geschehen. Luther schreibt dazu (nach Kirchhoff, in: Niedecken, D. 1989, 3):

> Vor acht Jahren war es zu Dessau eines, das ich, Doctor Martinus Luther, gesehen und angegriffen hab, welches zwölf Jahr alt war, seine Augen und alle Sinn hatte, dass man meinete, es wär ein recht Kind. Dasselbige thät nichts, denn dass es nur frass, und zwar so viel als irgends vier Bauern oder Drescher. Da sagte ich zu dem Fürsten von Anhalt: Wenn ich da Fürst oder Herr wäre, so wollte ich mit diesem Kinde in das Wasser, in die Molde, so bei Dessau fleusst und wollte das homicidium wagen.

Der Fürst entsprach dem Vorschlag nicht – was ein Hinweis dafür ist, dass behindertenfeindlichen Leitvorstellungen nicht notwendigerweise Folge getragen wurde. Luther machte dann den weiteren Vorschlag, dass man für dieses behinderte Kind ein Vaterunser beten möge, „dass der Liebe Gott den Teufel wegnehme" (ders., 23). Ein Jahr später starb das Kind. Als man Luther fragte, warum er damals die Tötung des Kindes vorgeschlagen hatte, antwortete er, dass er es

> [...] gänzlich dafür hielte, dass solche Wechselkinder nur ein Stück Fleisch, eine *massa carnis*, seien, da keine Seele innen ist, denn solches könne der Teufel wohl machen, wie er sonst die Menschen, so Vernunft, ja Leib und Seele

> haben, verderbt, wenn er sie leiblich besitzet, dass sie nicht hören, sehen, noch etwas fühlen, er machet sie stumm, taub, blind. Da ist dem Teufel in solchen Wechselbälgern als ihre Seele (ders., 24).

Im Zusammenhang mit dem Christentum muss aber auch darauf hingewiesen werden, dass seit dem Mittelalter eine Reihe karitativer Bemühungen festzustellen sind, deren positive Bedeutung in unsere Zeit hineinreicht (Kobi 1975, 88–90).

3.4 Neuzeit

Die Renaissance veränderte den gesellschaftlichen Stellenwert behinderter Menschen kaum, feierte doch das antike Schönheitsideal seine Wiedergeburt. Der Mensch (vermutlich nur der Nichtbehinderte) galt als Krone der Schöpfung, der würdig und königlich über die Natur herrscht. Die zunehmende Bedeutung von Wissenschaft und Technik und die damit verbundene Umgestaltung der Lebenswelt – die allerdings erst ab dem 19. Jahrhundert breite Teile der Bevölkerung erfasst hat – hat ebenfalls den Stellenwert behinderter Menschen nicht verbessert. Sie führt vielmehr dazu, dass generell die Anforderungen an Menschen, die im Arbeitsprozess sind, steigen und damit eine Tendenz der weiteren Ausgrenzung von Behinderten fördern.

Im Zug der europäischen Aufklärung nimmt dann die Bedeutung der Vernunft bei der Bestimmung des Menschenbilds zu – was den Stellenwert behinderter Menschen, insbesondere solcher mit geistiger Behinderung, nicht verbessert. So hat denn auch im Erziehungsroman ‚Emile' von Jean-Jacques Rousseau der behinderte Mensch keinen Platz. Rousseau schreibt:

> Ich würde mich niemals mit einem kränklichen und siechen Kind befassen, sollte es auch achtzig Jahre leben. Ich mag keinen Zögling, der doch niemals sich und anderen nützen kann, der nur immer an sich und seine Gesundheit denken muss, und dessen Leib so die Erziehung der Seele beeinträchtigt [...] Mag ein anderer sich statt meiner dieses Schwachen annehmen. Ich billige es und billige seine Christenliebe, allein ich kann das nicht. Ich kann niemanden das Leben lehren, der nur darauf bedacht ist, sein Sterben zu verhindern (Zitat nach Kobi 1975, 90).

3.5 Moderne

Für die Beurteilung des Umgangs mit Behinderung in der Moderne (also etwa ab der Wende zum 20. Jahrhundert) ist die Eugenik, verstanden als die Lehre von der Erbgesundheit, besonders wichtig (Ellger-Rüttgardt 1998, 134ff.). Dabei ist die positive von der negativen Eugenik zu unterscheiden: Erstere strebt an, die Fortpflanzung von Personen mit als „positiv" erachteten Erbanlagen zu begünstigen, während letztere die Fortpflanzung von Menschen mit als „negativ" erachteten Erbanlagen verhindern will – es geht also um eine Geburtenbeschränkung oder -verhinderung bei „Minderwertigen" (dies., 135). Berühmtheit hat hier unter anderem die Autorin Ellen Key erlangt, die 1900 das populäre Buch ‚Das Jahrhundert des Kindes' herausgegeben hat und dort unter Berufung auf Darwin und Galton unumwunden gar eine „Ausmerze" schwacher und verkrüppelter Kinder gefordert hat. Ellger-Rüttgardt zeigt in ihrer gross angelegten Studie, dass eugenisches Denken zu Beginn des 20. Jahrhunderts stark in der Bevölkerung zahlreicher westlicher Länder bekannt und auch verankert war. Entsprechend liefen Menschen mit einer Behinderung Gefahr, als minderwertige und überflüssige Gesellschaftsmitglieder diskreditiert zu werden. In diesem Klima entstand auch das Konzept der ‚psychopathischen Minderwertigkeit' (Ellger-Rüttgardt 1998, 141), unter das nebst geistig behinderte auch sogenannte Asoziale (Alkoholiker etc.) fallen.

Die radikalste Umsetzung des Euthanasiegedankens erfolgte im Nationalsozialismus. Ellger-Rüttgardt verweist in ihrem Werk auf das ‚Gesetz zur Verhütung erbkranken Nachwuchses', das die Zwangssterilisation sogenannt „Erbkranker" vorsah und zitiert Schmuhl wie folgt:

> 96% aller unter dem nationalsozialistischen Regime sterilisierten Personen wurden aufgrund der Diagnosen ‚Schwachsinn, Schizophrenie, Epilepsie und manisch-depressives Irresein' – in der Reihenfolge der Häufigkeit – unfruchtbar gemacht. Die grösste Gruppe stellten die ‚Schwachsinnigen' mit etwa zwei Drittel aller Sterilisierten. Von denen wegen ‚Schwachsinns' unfruchtbar gemachten Menschen waren wiederum zwei Drittel Frauen" (Ellger-Rüttgardt 1998, 251).

Im Rahmen des sogenannten T4-Programms folgte ein Vernichtungsprogramm, das allerdings nach Protest der Kirchen nicht vollständig umgesetzt werden konnte.

3.6 Beurteilung

Dieser kurze historische Abriss zeigt: Das Menschen- und Gesellschaftsbild hat im Lauf der Geschichte durchwegs behindertes Leben abgelehnt, bestenfalls geduldet. Die Tötung behinderter Menschen – insbesondere bei der Geburt – war verbreitete Praxis. Gewiss muss die Kindstötung auch vor dem Hintergrund der hohen Säuglingssterblichkeit gesehen werden. Behindert geborene Kinder, die durch die heutigen medizinischen Möglichkeiten gerettet werden können, hatten damals sowieso nur geringe Überlebenschancen, zumal auch „normal Geborene" oft den ersten Geburtstag nicht erreichten. Auch muss beachtet werden, dass es in den damaligen Gesellschaften anteilsmässig mehr (vorab körperlich) behinderte Menschen gegeben haben dürfte als heute – verursacht durch Krankheiten, (Kriegs-)Verletzungen und Mangelernährung. Insofern ist unklar, inwieweit die hier formulierten Idealvorstellungen jeweils den faktischen Umgang mit Behinderung oder die jeweiligen gesellschaftlichen Realitäten abbilden, wie ja auch das Beispiel von Luther gezeigt hat.

Dennoch zeigen die Ausführungen, dass die Frage, ob PD die Akzeptanz von Behinderten Menschen verändert, vor dem historischen Hintergrund gesehen werden muss, dass diese Akzeptanz immer schon auf einem fragilen Fundament stand bzw. in den meisten Fällen nicht gegeben war. Die Entscheidung für oder gegen das Weiterleben eines schwerer behinderten Menschen nach der Geburt fiel auch in früheren Jahrhunderten immer eindeutig gegen diese Menschen aus. Die PD mag zwar eine neue Technik sein, um behindertes Leben zu verhindern – die Haltung gegenüber Behinderung hat sich aber offenbar nicht verändert: Menschen mit schwerer geistiger und mehrfacher Behinderung sollen nicht geboren werden.

So stellt sich die Frage: Welchen Einfluss kann die PD auf die Akzeptanz gegenüber schwer und mehrfach geistig behinderten Menschen haben, wenn deren Lebensrecht schon immer zur Disposition gestanden hat? Zwei Mechanismen sind denkbar:

1. Durch die PD wird der Entscheid, behindertes Leben zu verhindern, auf die Zeit vor der Geburt verschoben. Praktiken wie z.B. Kindstötung müssen nicht mehr angewendet werden, um das Ziel zu erreichen (Spätabtreibungen bilden hier eine Grauzone).

2. Durch PD kann in weit umfangreicherem Masse als früher eine Behinderung diagnostiziert werden.

Beide Mechanismen erlauben zudem eine in ethischer Hinsicht möglicherweise wichtige Trennung bezüglich des Begriffs „Lebensrecht", denn PD betrifft noch nicht geborene Menschen. PD erlaubt es, die Unterscheidung zwischen einem Lebensrecht noch nicht geborener Menschen und einem Lebensrecht bereits geborener Menschen praktisch umsetzbar zu machen. Alle früheren Mechanismen zur Verhinderung behinderten Lebens (mit Ausnahme der negativen Eugenik) verlangten letztlich eine Tötung lebender, in der Welt sich befindender behinderter Menschen. Wird diese Unterscheidung hinsichtlich Lebensrecht gemacht, erscheint auch das Paradox in einem anderen Licht, dass einerseits die Motivlage (Verhinderung behinderten Lebens) nicht geändert hat, andererseits aber in den letzten Jahrzehnten im historischen Vergleich enorme Anstrengungen zur Förderung behinderter Menschen gemacht worden sind.

Nachfolgend soll nun vertiefend auf die ethische Problematik der PD mit Bezug auf Akzeptanz von Behinderung eingegangen werden. Dazu werden zwei sehr unterschiedliche Debatten vorgestellt: Zum einen wird dargelegt, was die etablierte Heilpädagogik sowie die Betroffenenorganisation „Krüppelbewegung" zur Frage der gesellschaftlichen Akzeptanz von schwer geistig und mehrfach behinderten Menschen meinen (Abschnitt 4). Zum anderen wird der diesbezügliche Diskurs in der Moralphilosophie vorgestellt (Abschnitt 5). Dabei wird sich zeigen, dass die sogenannte Krüppelbewegung sich am stärksten mit der Frage der Bedeutung der PD für die Akzeptanz von Behinderung auseinandergesetzt hat – auch wenn diese die von mir als wichtig vorgenommene Unterscheidung zwischen sinnes- und körperbehinderten Menschen einerseits und schwer geistig und mehrfach behinderten Menschen andererseits meist nicht trifft.

4. Stellungnahmen der Heilpädagogik und der Krüppelbewegung zur PD

4.1 Heil- und Sonderpädagogik[8]

Bereits 1990 gab Josef Denger einen Sammelband heraus, der die Thematik „PD und Behinderung" aus anthroposophischer Sicht anzugehen versuchte. Den Autoren geht es dabei in der Hauptsache darum aufzuzeigen, dass auch der Mensch mit Trisomie 21 ein wertvoller Mensch ist und dass insbesondere der Industriegesellschaft etwas Wertvolles verloren gehe, wenn es diese Menschen einmal nicht mehr geben sollte. Es ist nicht zu übersehen, dass die Aufsätze in diesem Band sich durchgehend einer advokatorischen Ethik bedienen und sich gegenüber der PD sehr kritisch wenn nicht gar ablehnend aussprechen.

1993 erschien das Buch ‚Praktische Ethik der Heilpädagogik' von Dieter Gröschke. In diesem formuliert er eine Ansicht zur PD, die danach innerhalb der Heilpädagogik oft geäussert werden wird:

> Zwar noch subtil verbrämt aber dennoch unüberhörbar schleicht sich auch die Rede von den personifizierten ‚Ballastexistenzen' wieder in die öffentlichen Diskurse. Die Verweise auf die effizienten Potentiale von Pränataldiagnostik, Gentechnologie, Euthanasie usw. zur radikalen Entsorgung von ‚Soziallasten' werden immer fordernder... (Gröschke 1993, 166).

Gröschke bemüht zur Stützung dieser Aussage das Dammbruch-Argument, indem er darauf verweist, dass man ja wisse, wohin so eine Haltung – gemeint ist ein „ethisch-anthropologischer Selektionismus" (ders., 166) – führen würde. Er benennt dabei explizit den durch die Nationalsozialisten verübten Massenmord und stellt diesen mit der Pränataldiagnostik in einen direkten Zusammenhang. Die konkreten Belege für diese Punkte bleibt Gröschke aber schuldig. Als besonders problematisch werte ich den von Gröschke suggerierten Zusammenhang zwischen Pränataldiagnostik und der unter dem Nationalsozialismus praktizierten „Euthanasie". Dieser oft gehörte Vergleich (z. B. auch

---

[8] Zwei ebenfalls wichtige Werke zum Thema, die hier nicht weiter besprochen werden, sind Graumann et al. 2004 und Herzel 2007.

Friedländer 1997, 61–116) ist meines Erachtens weder historisch noch moralphilosophisch gerechtfertigt und wird dem Phänomen der PD in keiner Art und Weise gerecht. Der Unterschied zwischen der PD und der Vernichtungsmaschinerie zur Zeit des Nationalsozialismus besteht ja unter anderem darin, dass die Nutzung ersterer Ausdruck einer individuellen Entscheidung (zwar mit gesellschaftlichen Implikationen) ist, während die Nationalsozialisten einen völlig unrechtmässigen, diktatorisch vollzogenen Massenmord an Menschen begangen haben. Es ist deshalb auch kein Wunder, dass die Bevölkerung derartige Aussagen von akademischen Sonder- und Heilpädagogen kaum zur Kenntnis nimmt.

Eine weitere Publikation von Georg Antor und Ulrich Bleidick – zwei der führenden Akademiker der deutschsprachigen Heil- und Sonderpädagogik – aus dem 2000 thematisiert die PD im Kontext der Singer-Debatte. Sie sehen durch die Veröffentlichung der ‚Praktischen Ethik' durch Peter Singer (1994) die Gefahr einer „Entmoralisierung" (Antor & Bleidick 2000, 11), die wichtige Elemente der Sonderpädagogik bedrohe. Sie kommen denn auch zum Schluss, dass hinter „der verbreiteten und von der Rechtsprechung geförderten Pränatalen Diagnostik ... ein *behindertenfeindliches Bewusstsein* [steht]" (ebd., 135; kursiv im Original). In Singers Befürwortung einer Abtreibung aufgrund eines entsprechenden Befundes nach PD – was auch der überwiegenden Meinung der Bevölkerung entspricht – sehen sie einen vollzogenen Dammbruch und eine Verletzung der Menschenwürde. Diese Argumentation ist offensichtlich unberührt von den philosophischen Debatten zu Menschenwürde und Person in den letzten Jahrzehnten. Beide Begriffe werden synonym und ‚Menschenwürde' wird undifferenziert verwendet. Sie beziehen sich auf Kant, verkennen aber, dass auch sein Personbegriff von bestimmten Vernunfteigenschaften geprägt ist und zudem vom Würdebegriff unterschieden wird. Sie lehnen die Thesen von Singer grundsätzlich ab und charakterisieren die PD als Gefahr für behinderte Menschen:

> Eine Grundsatzdiskussion über Vor- und Nachteile der Pränatalen Diagnostik beinhaltet – zumal dann, wenn nach übereinstimmenden gynäkologischen Statistiken die Abtreibung des als behindert erkannten Fetus die Regel ist – zwangsläufig ethische Implikationen über die Bewertung behinderten Lebens (ebenda, 23).

Interessant ist hier, dass die Autoren quasi von einem Automatismus („zwangsläufig") ausgehen. Und schliesslich findet sich auch bei ihnen die bereits von Gröschke aufgeworfene – und von mir als nicht haltbar verworfene – Parallelität: „Die Parallelen zur Vernichtungsmaschinerie der Nationalsozialisten an unheilbar Kranken sind offensichtlich" (ebenda, 25). Eine Auseinandersetzung mit der Frage, warum PD in der Bevölkerung eine derart hohe Akzeptanz geniesst, findet sich hingegen nicht.

2003 haben Antor und Bleidick in einem Sammelband von Annette Leonhardt und Franz B. Wember (2003) zur gleichen Thematik noch einmal Stellung bezogen und ihre Position bekräftigt. Sie sprechen dort sehr allgemein von einer zunehmenden moralischen Desorientierung in Bezug auf bioethische Fragen, von einem allgemeinen Wertepluralismus und diskutieren die PD im gleichen Atemzug wie Gewalt auf dem Schulhof oder die Stellung der Heil- und Sonderpädagogik im Allgemeinen. Doch diese undifferenzierte Zusammenschau erscheint faktenfern – es gibt keinerlei Anzeichen, dass das sonderpädagogische System am Zusammenbrechen sei – und vernachlässigt die zentrale Frage: Warum wird einerseits vorgeburtliches Leben, das als behindert diagnostiziert wird, abgetrieben und andererseits das Behindertenwesen eher ausgebaut denn verkleinert?

In dem von Markus Dederich (2003) herausgegebenen Band ‚Bioethik und Behinderung' versammeln sich eine Reihe von Beiträgen mit dem Tenor, wonach gar die Biomedizin als ganzes grundsätzlich gegen Menschen mit Behinderung gerichtet sei. Gröschke (2003, 179–180) beispielsweise schreibt in seinem Beitrag:

> Die biomedizinisch gedeutete Kategorie der Behinderung wird dekontextualisiert, desozialisiert und (re-)naturalisiert. Die aktuellen Herausforderungen der Bioethik in der Heil- und Behindertenpädagogik stehen mit dieser (Re-)Naturalisierung von Behinderung in einem engsten Zusammenhang. Desozialisierung und Renaturalisierung des sozialen Phänomens namens Behinderung, bzw. der individuellen Lebensformen eines Lebens mit/trotz Behinderung, bedeuten tendenziell auch deren Dehumanisierung – die Infragestellung ihrer bedingungslosen Zugehörigkeit und Anerkennung als legitime humane Daseinsform und Existenzweise.

Das sind grosse Worte, denen aus meiner Sicht die empirische Basis fehlt. Gewiss haben behinderte und nichtbehinderte Menschen dasselbe Lebensrecht. Dies mag aber nicht darüber hinwegtäuschen, dass man sich für ein nichtbehindertes Kind entscheiden würde, wenn man als Eltern im Idealfall frei zwischen dem Empfangen eines behinderten oder eines nicht behinderten Kindes wählen könnte. Ich unterstelle den Autoren, dass auch sie diese Wahl so treffen würden. In diesem – unauflösbaren – Dilemma befindet sich doch die Behindertenpädagogik und es wäre sinnvoller, dieses Dilemma zu diskutieren, als zu behaupten, es dürfe dieses nicht geben.

Georg Antor (1991) thematisiert in seinem Beitrag im Handbuch der Sonderpädagogik ethische Fragen in der pädagogischen Förderung schwerstbehinderter Menschen. Auch er beginnt mit einer Aufarbeitung der Thesen von Peter Singer, nennt aber auch Autoren wie Norbert Hoerster und Anton Leist und unterstellt diesen, dass sie damit einverstanden seien, dass „menschliches Leben getötet wird und dafür gelegentlich neues, ‚besseres‘ Leben entsteht" (Antor 1991, 71). Antor weiter: „Dass Neugeborenen mit schwersten Behinderungen das Lebensrecht verweigert wird, kann die Sonderpädagogik schon deshalb nicht gleichgültig lassen, weil davon verhängnisvolle Auswirkungen auf Erziehung und Integration Behinderter zu sehen sind" (ebenda, 71). Diese Behauptung kann leicht widerlegt werden, weil die Integrationsdiskussion selten so intensiv geführt und in die Praxis umgesetzt worden ist, wie in der heutigen Zeit (vgl. dazu den Beitrag ab Seite 109 in diesem Band).

Ähnlich wie Antor und Bleidick geht auch ein anderer etablierter akademischer Sonderpädagoge, Otto Speck, davon aus, dass es auf Grund einer neuen, liberalen Eugenik (wobei die PD Ausdruck dieser neuen Eugenik sei), die er in einem mittelbaren Zusammenhang mit der alten Eugenik sieht, eine zunehmende Behindertenfeindlichkeit in der Gesellschaft gebe (Speck 2005). Speck stellt denn auch fest, dass die Anzahl der Frauen, die im Zeitraum von 1990 bis 1995 die PD in Anspruch genommen hätten, um 50% gestiegen sei. Man kann davon ausgehen, dass heute die PD inhärenter Teil einer Schwangerschaft ist. Specks Aussage „Daher ist die zwangsläufige Notwendigkeit der PND [= PD] in Frage zu stellen" (ebd. 68) erscheint hier weltfremd. Speck schreibt weiter mit Verweis auf ein Zitat von A. Fuchs:

> Wenn Gesundheit, d.h. das Fehlen von Krankheits- oder Störungsanzeichen mit dem weiteren Ausbau der Pränataldiagnostik zum Kriterium für den Lebenswert oder ‚unwert' wird, führt diese sukzessiv zur Diskriminierung behinderter

Menschen und ihrer Angehörigen. Wenn die Suggestion angenommen wird, Gesundheit sei machbar, Behinderung sei abzuschaffen, wird eine Gesellschaft weniger denn je dazu neigen, Behinderung und Krankheit als normale Bestandteile menschlichen Lebens zu akzeptieren. Tendenzen zur Aussonderung können sich durchsetzen und gefährden die Lebensbedingungen behinderter Menschen (Fuchs 2003, 153; in ebd. 68).

Er schliesst mit der Bemerkung: „Die Pränataldiagnostik enthält ein hohes und mit dem technologischen Fortschritt wachsendes *Selektionspotential*" (ebd. 68; kursiv im Original).

Zum gleichen Schluss kommt auch Volz (2003), die sich in einer grösseren Arbeit diesem Thema gewidmet hat. Sie unternimmt die nach meinem Dafürhalten wichtige Unterscheidung von Menschen mit einer Sinnes- bzw. Körperbehinderung und den Menschen mit geistiger bzw. mehrfacher Behinderung. Erstere seien in die Mehrheit der „Normalen" aufgenommen worden, während bei geistig behinderten Menschen diese Integration nicht bzw. kaum stattfinde, so Volz. Was nun bereits geborene behinderte Menschen (z.B. mit Down-Syndrom) anbelangt, so ist Volz eindeutig der Meinung, dass diese durch die Existenz der PD diskriminiert würden, weil solches Leben nicht erwünscht sei. Diese Menschen würden auf ihren „Defekt" reduziert. Dabei ist es für Volz wichtig festzustellen, dass nicht vom Embryo auf den bereits geborenen Menschen z.B. mit Down-Syndrom geschlossen werde, sondern umgekehrt vom bereits lebenden Menschen auf den Embryo. Man wolle den Embryo mit Down-Syndrom nicht, weil man den bereits geborenen Menschen nicht wolle, weil ein Kind insbesondere mit einer geistigen Behinderung, von der Grundhaltung der nichtbehinderten Menschen her betrachtet, unerwünscht sei.[9]

---

9 Dass Eltern von einem Kind mit Down-Syndrom, wie ich aus Dutzenden von Gesprächen mit solchen Eltern weiss, dieses Kind dann auch akzeptieren, annehmen und lieben, hat nichts damit zu tun, dass sie dieses Kind in der Regel unmittelbar nach der Geburt ebenfalls ablehnten oder diesem gegenüber sogar Todeswünsche hegten. Eindrücklich ist diesbezüglich die Schilderung von Kenzabure Oe (Japanischer Nobelpreisträger für Literatur), der in einem Buch seine Verwirrtheit und Depression beschreibt, die ihn befielen, als er Vater, wie er schreibt, „des Monsters" wurde. Heute berichtet er von einer innigen Vater-Sohn-Beziehung.

Als Fazit kann festgehalten werden, dass führende akademische, deutschsprachige Vertreter der etablierten Heil- und Sonderpädagogik unisono[10] davon ausgehen, dass die Existenz der PD für Menschen mit Behinderung diskriminierend sei. Zur Erhärtung dieser These wird regelmässig auf das Dammbruch-Argument und auf die Euthanasie unter dem Nationalsozialismus verwiesen. Diese Argumentation finde ich, wie bereits erläutert, nicht schlüssig. Auffallend ist auch, dass sich die etablierte Heil- und Sonderpädagogik mit dem Wunsch der Eltern nach einem nichtbehinderten Kind gar nicht auseinandersetzt. Dabei ist zu vermuten, dass es Sonderpädagogen und Sonderpädagoginnen, wenn sie sich in der Rolle von Eltern befinden, genau gleich denken wie Millionen anderer Eltern auch. Der (Deutsche) Nationale Ethikrat hält dazu fest: „Der Wunsch, ein gesundes Kind zu haben, ist das vorherrschende Motiv von Eltern, die PD in Anspruch zu nehmen. Für die Stärke dieses Wunsches mag es eine Rolle spielen, dass Gesundheit als eines der wichtigsten Güter gilt" (Ethikrat 2003, 71). Dieser Zwiespalt ist in der heilpädagogischen Literatur bisher kaum thematisiert worden. Das gilt schliesslich auch für die scheinbar paradoxe Tatsache, dass sich nach dem Zweiten Weltkrieg in den westlichen Industrieländern ein grosses Netz an sonderpädagogischen Massnahmen, Institutionen sowie Gesetzgebungen für schwer geistig und mehrfach behinderte Menschen entwickelt hat. Man nimmt dieses als gegeben hin – obgleich diese Entwicklung nicht nur mit Blick auf die bisherige Geschichte bemerkenswert ist, sondern auch mit der These der Bedrohung der Akzeptanz von Behinderten kontrastiert.

---

10 Zum 50-jährigen Jubiläum der Lebenshilfe in Deutschland wurde 2008 vom Bundesgeschäftsführer der Bundesvereinigung Lebenshilfe, Dr. Bernhard Conrads, und dem Chefredakteur der Fachzeitschrift ‚Geistige Behinderung', Dr. Theo Frühauf, ein längerer Übersichtsartikel ‚50 Jahre Lebenshilfe in Deutschland' veröffentlicht, in dem zum wiederholten Male und in der gleichen einseitigen Auslegung ‚Zur aktuellen Bedrohung von Lebensrecht und Selbstbestimmung' Stellung bezogen wird. Sie schreiben: „Hier schliesst sich der Bogen zu der eingangs beschriebenen verachtenden Ideologie in den Köpfen vieler Menschen im Nachkriegs-Deutschland, heute nur viel subtiler." In: Geistige Behinderung, 2008/1, 19.

4.2 Krüppelbewegung

Nebst der etablierten Heil- und Sonderpädagogik wendet sich auch eine zweite Gruppe im Disput um PD zu Wort: Vertreter der sogenannten Krüppelbewegung. Bei dieser Gruppe handelt es sich zumeist um Menschen mit einer Körperbehinderung, die nicht geistig behindert sind. Einige von ihnen haben sich in der Vergangenheit regelmässig dezidiert mit Fragen der Bioethik auseinandergesetzt. Dabei ist anzumerken, dass sich bei den Argumentationen dieser Vertreter empirische und moralphilosophische Aussagen oft mischen, was eine Darstellung ihres ethischen Standpunktes erschwert.

Anlässlich einer Matinee der jungen aktionsbühne Düsseldorf wurde 1992 einer der führenden Vertreter der Krüppelbewegung, Franz Christoph, gefragt, was er von der Bioethik halte und dieser antwortete: „Dann wollte ich noch was zur vorgeburtlichen Aussonderung sagen: es ist ganz klar, dass die Wertvorstellungen zur vorgeburtlichen Aussonderung nicht loslösbar sind von existierenden, schon geborenen Behinderten."[11] Christoph ist also offensichtlich der Meinung, dass die PD die Daseinsberechtigung von Menschen mit Behinderung massiv in Frage stellt. Eine andere bekannte Person in der deutschen Krüppelbewegung ist Udo Sierck. Dieser ist der Meinung, dass die Bioethik als ganzes für Menschen mit Behinderung diskriminierend sei, und sieht das Existenzrecht dieser Menschen zusehends bzw. wieder bedroht (Sierck 1992). Zwei weitere Veröffentlichungen (Christoph 1990, Christoph & Illiger 1993), die im Anschluss an die Diskussion um die Thesen von Peter Singer entstanden sind, zielen in die gleiche Richtung. Christoph äussert darin die Meinung, dass eine Diskussion über den Stellenwert von Menschen in der Gesellschaft grundsätzlich nicht geführt werden könne, weil dies unweigerlich in eine Unterscheidung von „wertem" und „unwertem" Leben führe.

Interessant scheint mir die Stossrichtung zu sein, die in diesen Veröffentlichungen zu Tage tritt. Man geht davon aus, dass insbesondere durch die PD so etwas wie eine neue Behindertenfeindlichkeit

---

11 Christoph, F. in einem Interview. In: Bundesverband für spastisch Gelähmte und andere Körperbehinderte e. V.: Eingriffe – Angriffe. Über die Bedrohung menschlichen Lebens durch medizintechnische und gesellschaftliche Entwicklungen. 1992, 89.

aufgekommen sei, was unter dem Stichwort ‚Neue Euthanasie' diskutiert worden ist. Diese Tendenz wurde gar mit der Ökologiebewegung verknüpft (Christoph & Mürner 1990), wonach durch das zunehmende Bewusstsein der Bevölkerung gegenüber ökologischem Gedankengut auch deren Verachtung gegenüber Behinderten zugenommen habe. In die gleiche Stossrichtung verweist auch eine Arbeit von Martin Brück (2000). Wie ein roter Faden durchzieht zudem bei den Autoren der sogenannten Krüppelbewegung die Ansicht, dass die PD in einem unmittelbaren Zusammenhang mit dem Gedankengut der Nationalsozialisten stehe.

Zusammenfassend lässt sich sagen, dass die Aussagen der sogenannten Krüppelbewegung für meine Themenstellung von keiner grossen Relevanz sind. Dies aus zwei Gründen: Erstens geht die sogenannte Krüppelbewegung auf die spezifische Situation von Menschen mit schwerer geistiger und mehrfacher Behinderung nicht ein und zweitens sind ihre Aussagen zu wenig differenziert bzw. zu stark vom Feindbild geprägt, wonach die PD quasi Ausdruck einer NS-Ideologie sei. Diese Ansichten berücksichtigen auch keineswegs die Entwicklung der Heil- und Sonderpädagogik in der Nachkriegszeit.

5. Überlegungen zur PD aus Sicht der Moralphilosophie

Nicht nur in der Heil- und Sonderpädagogik, sondern auch in der Moralphilosophie werden die ethischen Fragen, die sich im Kontext der PD stellen, diskutiert. Diese Debatte verläuft oft auf einer grundsätzlichen Ebene, in der Kernbegriffe wie ‚Würde' und ‚Achtung' schärfer gefasst werden. Für diese Arbeit ist dieser Zugang zentral, geht es doch um die Frage, inwieweit die PD und eine daran möglicherweise anknüpfende Abtreibung die Würde von geistig und mehrfach behinderten Menschen verletzen bzw. die Achtung dieser Personengruppe einschränkt oder stark vermindert. Aus diesem Grund werden zunächst einige grundlegende Überlegungen zu den Begriffen ‚Menschenwürde' bzw. ‚Achtung der Person' formuliert. Auf dieser Basis kann dann die

Frage nach der Würdeverletzung bzw. Missachtung von schwer geistig und mehrfach behinderten Menschen durch PD beantwortet werden.

5.1 Zur Reichweite von ‚Menschenwürde'

Zunächst sollen einige Klärungen erfolgen, welche die Auseinandersetzung mit dieser Frage legitimieren. So kann man erstens bestreiten, dass ‚Menschenwürde' überhaupt ein moralphilosophisch brauchbarer Begriff ist. Wäre er das nicht, könnten aus der Verletzung von Menschenwürde keine normativen Schlussfolgerungen gezogen werden. Wuketits ist beispielsweise der Meinung, dass Menschenwürde „für die Formulierung von Moralprinzipien ein nur bedingt oder schlecht geeigneter Ausgangspunkt" ist (Wuketits 2006, 55). Für ihn ist ‚Menschenwürde' ein äusserst abstrakter Begriff, der nur schwer definiert werden kann. Gehe man, so Wuketits, davon aus, dass alle Menschen qua ihrem Menschsein über Menschenwürde verfügten, so werde der Begriff zu allgemein, als dass man etwas damit anfangen könne. Zur Untermauerung dieser These verweist Wuketits auf Hoerster, der meint: „Die so genannte Menschenwürde erweist sich … als nichts anderes als eine ideologische Leerformel" (Hoerster 2006, 56). Aber gerade die tägliche Arbeit mit Menschen mit schwerer geistiger und mehrfacher Behinderung zeigt mir, dass eine Auseinandersetzung mit der Menschenwürde so einfach nicht abgetan werden kann. Der Begriff mag vielleicht nicht klare normative Schlüsse zulassen, doch bedeutungsleer ist er auch nicht. So schreibt denn auch Peter Schaber: „Und wir tun in solchen Fällen gut daran, den Würdeanspruch weit auszulegen und Menschen, bei denen nicht klar ist, ob sie sich selbst achten können, zum Kreis der Würdeträger zu zählen" (Schaber 2010, 92). Dieser Aussage schliesse ich mich an.

Zweitens könnte man bestreiten, dass schwer geistig und mehrfach behinderten Menschen Träger von Menschenwürde sind. Wären sie das nicht, käme es auch zu keiner Verletzung der Menschenwürde. Dieses Argument beruht meist auf zwei Schritten: erstens der Kopplung von Menschenwürde und Person und zweitens der Aberkennung des Personenstatus für geistig und mehrfach behinderten Menschen. Der zweite Punkt – die Debatte über den Personenstatus bei schwer geistig behinderten Menschen, die unter anderem durch Peter Singer

(1994) angestossen wurde – soll hier nicht weiter erläutert werden.[12] Es sei hier nur angefügt, dass ich den Standpunkt einnehme, dass der Personenstatus von schwer geistig und mehrfach behinderten Menschen sehr wohl zur Disposition gestellt werden kann, und ich demnach mit der von Singer (1994) vertretenen Position weitgehend einig gehe. Wichtig ist nun aber die Feststellung, dass selbst wenn man schwer geistig und mehrfach behinderten Menschen nicht als Personen anerkennt, damit noch nicht gesagt ist, dass sie auch nicht Träger von Menschenwürde sind. Denn es ist keineswegs klar, ob nur Personen Träger von Menschenwürde sein können. Denkbar sind vielmehr drei Positionen: Eine enge Kopplung der Begriffe ‚Menschenwürde' und ‚Person' (und nur dann ist das zu Beginn genannte Argument gültig), eine nur bedingte Kopplung der beiden Begriffe oder eine weitgehende Entkopplung. Letzteres entspricht der Position von Kant, gemäss der Menschenwürde allen Menschen zukommt. Das einzige empirische Kriterium bei Kant für die Zuschreibung von Menschenwürde ist die Zugehörigkeit zur Spezies Homo sapiens.

Eine mit Kant vergleichbare Position nimmt Rolf Tiedemann (2006) ein, der in seinem Buch den „nichtpersonalen Menschen" ein eigenes Kapitel gewidmet hat und auch behinderten Menschen die Menschenwürde zugesteht, obwohl sie keinen Personenstatus haben und diesen auch nicht erreichen können: „Ist der Zustand [d.h. schwer geistig und mehrfach behindert sein] dauerhaft und unumkehrbar, dann kommt diesen Menschen keine personale Emergenz zu" (Tiedemann 2006, 117). Dennoch, so Tiedemann, muss auch diesen Menschen eine besondere Sorgfalt angediehen werden – und zwar im Sinne der Goldenen Regel. Das bedeutet, dass man mit schwer geistig und mehrfach behinderten Menschen nur so verfahren dürfte, wie man selber behandelt zu werden wünscht.

Eine Zwischenposition mit Blick auf die Kopplung von ‚Menschenwürde' und ‚Person' ist jene von Dieter Birnbacher (2004), der zwischen einem starken und schwachen Begriff von Menschenwürde unterscheidet, wobei nur der starke Begriff von Menschenwürde an den Begriff der Person gekoppelt ist. Schwer behinderte Menschen,

---

12 Eine umfassende Darstellung der Theorie von Singer, insbesondere auf die Bedeutung für Menschen mit schwerer Behinderung, habe ich in Bonfranchi 2004 dargelegt. Vgl. zudem Düwell (2003). Siehe auch den Beitrag ab S. 43 in diesem Band.

welche die Kriterien für die Zuschreibung des Personenstatus nicht erfüllen, wären dann Träger einer „schwachen Menschenwürde". Diese Menschen sind also nicht rechtlos und es ist ihnen mit der gebotenen Achtung zu begegnen. Ähnlich verhält es sich mit der Position, die Haker einnimmt, wenn sie schreibt:

> [...] ist meines Erachtens zumindest in der allgemeinen Hinsicht (bei der die Kontexte noch keine Berücksichtigung finden) der moralische Status als ein moralischer Schutzstatus zu bestimmen, der zumindest das Recht auf Leben und das positive Recht auf Unterstützung bei der Herausbildung der angelegten Fähigkeiten beanspruchen kann (Haker 2002, 223).

Auch muss festgehalten werden, dass selbst wenn schwer geistig und mehrfach behinderte Menschen nicht Träger von Menschenwürde sein sollten, sich daraus kein ethischer Freipass folgern lässt. Dieser Punkt ist insbesondere bei der Debatte um Embryonen diskutiert worden, wo unklar ist, ob solche Träger von Menschenwürde sein sollen oder nicht. Peter Schaber spricht diesbezüglich von einer „Schutzwürdigkeit". Schaber weiter:

> Wir können einem Wesen um seiner selbst willen verpflichtet sein, d. h. Pflichten ihm gegenüber haben, ohne dass diesem Wesen Menschenwürde zukommt. .... Dieser Umstand erlaubt es, starke Pflichten gegenüber Embryonen und Föten zu begründen, auch wenn diese keine Menschenwürde haben (Schaber 2004, 105).

Zu einem ähnlichen Schluss kommt auch Ralf Stoecker (2004).

Aus diesen Ausführungen lässt sich der Schluss ziehen, dass der Begriff ‚Menschenwürde' in der Diskussion um PD und Behinderung gar nicht so bedeutungsvoll ist, wie dies z. B. Bleidick und Antor behaupten – und zwar aus drei Gründen: Erstens muss man Menschenwürde nicht an den Personenstatus koppeln, d. h. auch wenn schwer geistig und mehrfach behinderte Menschen keine Personen sind, so kann ihnen dennoch Menschenwürde zukommen. Zweitens folgt aus dieser Menschenwürde nicht automatisch ein umfassender Katalog an Rechten, oder etwa ein Verbot von Abtreibung nach PD. Drittens schliesslich würde selbst bei einer fehlenden Menschenwürde im Falle schwer geistig und mehrfach behinderter Menschen daraus nicht folgen, dass diese Menschen schutzlos sind bzw. keinen moralischen Status haben.

Ich halte also – im Sinne von Birnbacher – fest, dass schwer geistig und mehrfach behinderten Menschen Träger einer (schwachen)

Menschenwürde sind. Dies muss nun mit Inhalt gefüllt werden. Friedlich Lohmann umreisst dies mit dem Verbot der willkürlichen Schädigung anderer und der Leidzufügung sowie die Verpflichtung zur Hilfe. Er konkretisiert dies in Bezug auf den in dieser Arbeit angesprochenen Personenkreis mit der Begrifflichkeit der „ehrfurchtsvollen Achtung" (Lohmann 2004, 66). Es geht also um die respektvolle Behandlung dieser Menschen.

5.2 Missachtung Behinderter durch PD und Abtreibung

Wie stehen nun Exponenten der Moralphilosophie zur Frage, ob durch PD und einen daran anschliessenden möglichen Schwangerschaftsabbruch die Achtung von Menschen mit schwerer geistiger oder mehrfacher Behinderung im obigen Sinn verletzt wird? Interessanterweise fällt auf, dass diese Frage oft gar nicht gestellt wird. So geht beispielsweise George Harris (1990), der sich explizit mit ethischen Problemen bei der medizinischen Behandlung schwer geschädigter Kinder auseinandersetzt, auf die Frage überhaupt nicht ein, welche Bedeutung die PD für die Achtung für (über-)lebende schwer geistig und mehrfach behinderte Kinder hat. Gleich verhält es sich bei den Ausführungen von Richard Hare (1990). Auch behandelt er das Problem nicht, was es möglicherweise für die Eltern von schwer geistig und mehrfach behinderten Kindern bedeuten könnte, wenn diese gemäss seinem Vorschlag noch eine Woche nach der Geburt (schmerzfrei) getötet werden dürften. Ebenso wenig geht der (Deutsche) Nationale Ethikrat auf die Frage ein, ob die PD eventuell diskriminierende Auswirkungen auf bereits geborene Menschen mit demjenigen Merkmal hat, das nach der PD in der Regel zu einer Abtreibung führt. Hille Haker schliesslich, die sich explizit mit ethischen Fragestellungen der genetischen Frühdiagnostik auseinandersetzt (Haker 2002), hat die Frage nach einer möglichen Diskriminierung von Menschen mit Behinderung nicht unmittelbar thematisiert, währenddem Themen wie Kinderwunsch und Elternschaft eigene Kapitel gewidmet sind.

Andere stellen die Frage durchaus. So stellt Thomas Schramme bereits in der Einleitung seines Buches ‚Bioethik' die Frage: „Werden durch die vorgeburtliche Diagnostik Menschen mit Behinderungen diskriminiert?" (Schramme 2002, 7). In der nachfolgenden Argumentation spricht dann Schramme einer Schwangeren ohne weiteres das Recht zu, nach positivem PD-Befund die Schwangerschaft abzubrechen. Er stellt fest, dass die diagnostischen Massnahmen nicht Gegenstand der Frage sein können, ob Menschen mit einer Behinderung durch die selbigen diskriminiert werden oder nicht, weil die PD Teil der heute üblichen medizinischen Diagnostik ist. „Aber", so Schramme, „diskriminierend ist eben in diesem Fall nicht die eingesetzte Technik, sondern das Denken der Beteiligten" (ebd. 59). Und er schliesst an: „Aber die Möglichkeit eines subtil wirkenden gesellschaftlichen Drucks ist nicht zu leugnen" (ebd. 61). Wichtig erscheint mir in den Ausführungen von Schramme zu sein, dass er der Spätabtreibung vor allem im gesellschaftlichen Zusammenhang eine wesentlich brisantere Stellung zumisst. Er kommt dabei zu folgendem Schluss: „Es wird also in diskriminierender Weise unterschieden zwischen einem Menschen mit Behinderung und einem gesunden Menschen. Der gesunde Fetus geniesst einen höheren Lebensschutz als der geschädigte" (ebd. 61). Dieser Feststellung schliesse ich mich an.

Andere verneinen einen solchen Zusammenhang. So gelangt Anton Leist zur Ansicht, dass ihm *„keine empirischen Belege* (kursiv im Original) bekannt" (Leist 2004, 25) sind, die aufgrund der Praxis der PD eine Gefährdung der Achtung von Menschen mit Behinderung befürchten liessen. Leist verneint, dass durch PD das Lebensrecht von Menschen mit Behinderung angetastet wird. Hervorzuheben ist, dass Leist sehr wohl die Unterscheidung von geistig behinderten Menschen einerseits und Menschen mir körperlicher oder Sinnesbehinderung andererseits macht. Bei der ersten Gruppe gelangt er zur Feststellung, dass nur über eine paternalistische Haltung ihr Lebensrecht abgesichert werden kann. Entscheidungen müssen im besten Interesse des Betroffenen gefällt werden. Dies ist ein wichtiger Hinweis – und Leist stellt denn auch mit Recht fest, dass der Begriff des Paternalismus in der Sonderpädagogik nur sehr selten, wenn überhaupt, thematisiert wird. Zusammengefasst schlussfolgert Leist, dass das Lebensrecht von Menschen mit körperlicher oder Sinnesbehinderung durch die Existenz der PD nicht angezweifelt werde, während dies bei schwer geistig und mehrfach behinderten Menschen von den verschiedenen „Handlungssituationen" (ebd. 35) abhänge, wobei Leist auf diese nicht näher eingeht.

Auch Peter Singer hat sich für mein Dafürhalten relativ oberflächlich mit der Frage auseinandergesetzt, ob die Ablehnung von Behinderung, insbesondere wenn sie pränatal festgestellt wird, eine „Missachtung" (Singer 1994, 242) jener Personen darstelle, die mit dieser Behinderung geboren worden sind. Sein Beispiel bezieht sich aber auf eine Person mit einer Körperbehinderung, was die Sachlage verändert. Singer nimmt die Unterscheidung zwischen geistiger Behinderung sowie körperlicher und Sinnesbehinderung nicht vor, wenn er schreibt, dass jedenfalls aus dem hier vertretenen Standpunkt nicht automatisch folge, dass es besser wäre, wenn keine Menschen mit schweren Behinderungen überlebten. Es folgt lediglich, dass die Eltern solcher Kinder eine entsprechende Entscheidung treffen können sollten. Es folgt daraus auch nicht ein Mangel an Respekt vor oder ungleicher Berücksichtigung von Menschen mit Behinderungen, die jetzt ihr eigenes Leben entsprechend ihren eigenen Wünschen leben. Die Aussagen von Singer haben keinen grossen Stellenwert für die von mir aufgeworfene Fragestellung, weil er hier nur die Menschen im Blick hat, die er als Personen kennzeichnet und die eben in der Lage sind, ihr Leben entsprechend ihren eigenen Wünschen zu leben – und das ist bei Menschen mit schwerer geistiger und mehrfacher Behinderung nicht der Fall.

Genau aus diesem Grund kann man meines Erachtens auch nicht den Begriff der ‚Demütigung' auf dieses Problem anwenden. Stefan Gosepath, unter Bezug auf den israelischen Philosophen Avischai Margalit, versteht unter Demütigung „alle Verhaltensformen und Verhältnisse, die einer Person einen rationalen Grund geben, sich in ihrer Selbstachtung verletzt zu sehen" (Gosepath 2004, 166). Eine Demütigung schliesst Personen aus der Gemeinschaft aus und wir reagieren mit Empörung. In diesem Licht ist auch die durchgehende Meinung von Heilpädagogen und Vertretern der Krüppelbewegung zu den Folgen der PD für Behinderte zu verstehen. Ihre Stellungnahmen sind durch einen hohen Grad an Empörung gekennzeichnet, die quasi stellvertretend für die Betroffenen geäussert wird. Entscheidend bei der Frage, ob ein Mensch gedemütigt worden ist, scheint mir aber, ob es sich überhaupt um eine Person handelt oder nicht – also um ein Wesen, das beispielsweise die Gründe versteht, warum es gedemütigt worden ist. Nach meinem Dafürhalten ist dies bei der hier angesprochenen Gruppe der schwer geistig und mehrfach behinderten Menschen aber nicht der Fall – und deshalb erhält die Fragestellung nach einer Demütigung durch PD auch nicht die von Vertretern der Heilpädagogik oft vertretene Relevanz. Dasselbe gilt schliesslich auch für den Begriff der ‚Kränkung'.

Als Kränkung verstehe ich dabei eine seelische Verletzung, die das Ehrgefühl bzw. das Selbstbewusstsein trifft (Döring 2007). Der Kern der Person wird getroffen und sie fühlt sich schlecht behandelt. Aber aus denselben Gründen wie oben spielt dieser Punkt für Menschen mit schwerer geistiger und mehrfacher Behinderung keine Rolle.

5.3 Lebensrecht und Behinderung

Gehen wir nun einen Schritt weiter und untersuchen die Frage nach dem Lebensrecht schwer geistig und mehrfach behinderter Menschen. In der Moralphilosophie wird dieser Punkt vorab mit Blick auf Abtreibung nach PD oder aber im Kontext medizinischer Massnahmen nach der Geburt schwerstbehinderter Säuglinge diskutiert, wo sich beispielsweise die Frage nach dem Behandlungsabbruch stellt. Nur in diesen Situationen ist das Lebensrecht dieser Wesen Gegenstand einer ethischen Debatte – denn wäre beispielsweise klar, dass bereits ein Fötus ein Lebensrecht hat, so wäre jegliche Abtreibung (auch ohne Behinderung) ethisch nicht zulässig. Was ändert das Faktum des Vorliegens einer Behinderung an dieser Debatte?

Hierzu ist die Argumentation von Norbert Hoerster interessant. Er geht von der Feststellung aus, dass inzwischen „auch schwerstgeschädigte Neugeborene sowie Frühgeborene mit einem Geburtsgewicht unter 500 Gramm eine Überlebenschance" haben (Hoerster 1995, 27). Bei solchen Frühgeborenen ist aber das Risiko des Auftretens schwerer, bleibender Behinderungen sehr gross. Wir geraten hier in die Grauzone von Spätabtreibung und Frühgeburt, in der sich quasi ein moralisches Paradox verbirgt: Zum einen können manchmal mittels PD erst in der späten Phase einer Schwangerschaft schwere Schäden festgestellt werden, die einen Abbruch – faktisch eine Geburtseinleitung – zur Folge haben, mit dem Ziel, dass der Fötus sterben soll. Zum anderen können bei einem zu früh geborenen Kind umfangreiche medizinische Massnahmen zum Tragen kommen, obwohl das Kind Behinderungen vergleichbar mit dem ersten Fall davontragen wird, die dort den Entscheid zur Tötung des Fötus legitimiert haben. Wird im Fall einer Frühgeburt mit schwerer zu erwartender Behinderung entschieden, keine Behandlung durchzuführen, entspricht dies faktisch der Praxis des „Liegen Lassens", d.h. der Nichtbehandlung eines schwerbehinderten Kindes, das nach Schwangerschaftsabbruch nach PD-Befund lebend auf die Welt kommt (vgl. dazu Merkel 2001, 219ff.). Dieser Entscheid,[13] nicht zu handeln, geschieht im Verborgenen und man verfährt nach dem Motto „Wo kein Kläger ist, ist auch kein Richter" (Hoerster 1995, 7). Diese Vorgehensweise kritisiert Hoerster mit der Feststellung, dass diese einer demokratischen Gesellschaft unwürdig sei, weil Fragen über Leben und Tod nicht unkontrolliert einer bestimmten Berufsgruppe überlassen bleiben dürfen. Dabei geht es nicht darum, dass Hoerster diesen Ärzten verantwortungsvolles Handeln abspricht; aber unsere Gesellschaft ist in den hier zur Debatte stehenden Fragen gespalten und die Entscheidungen in diesen Fällen dürften, je nach Ansicht des Arztes, unterschiedlich ausfallen.[14] Im Folgenden soll der Lösungsvorschlag von Hoerster zu diesem Problem dargestellt werden, weil dieser für unsere Fragestellung wichtig ist.

Zunächst führt Hoerster die Überlegung aus, warum sich auf einer weltanschaulich neutralen Basis ein Recht auf Leben für menschliche Individuen ab dem Moment der Zeugung nicht begründen lasse: „Der Entstehungszeitpunkt seines Überlebensinteresses beim werdenden Menschen spricht viel mehr dafür, ihm das Recht auf Leben erst mit seiner Geburt einzuräumen" (Hoerster 1995, 9). Entscheidendes Kriterium ist aus Hoersters Sicht das Interesse des Neugeborenen zu überleben, wobei er aber festhält, dass der Zeitpunkt des Auftretens eines Lebensinteresses nie präzis festgelegt werden kann. Er hält dazu fest, dass ‚Geburt' durchaus auch eine Frühgeburt sein kann, sofern der Säugling danach ohne medizinische Hilfe überleben kann, was in etwa einer Geburt in der 28. Schwangerschaftswoche entspreche (ebenda, 57). Nach dieser Festsetzung des Zeitpunktes, ab wann einem werdenden Menschen ein Lebensrecht zugesprochen werden soll, äussert sich Hoerster zur Problematik des Lebensrechts von Menschen mit Behinde-

---

13 An dieser Stelle verweise ich auf Dieter Birnbacher, der sich im Kapitel 7.5 ‚Passive Abtreibung und selektiver Fetozid' mit dieser Problematik ausführlich auseinandersetzt und zum Schluss kommt, dass „Handlungs- und Unterlassungspflichten im Bereich pränataler Schädigungen an Leib und Leben, [...], moralisch gleichwertig sind [...]." (Birnbacher 1995, 229).

14 Hierzu muss bemerkt werden, dass sich Hoerster auf die Situation zu Beginn der 1990er Jahre bezieht. In der Zwischenzeit sind solche Entscheidungsprozesse im Bereich der Neonatologie durchaus transparenter geworden, siehe dazu die Beiträge in Baumann-Hölzle et al. 2004.

rung derart, „dass jede behinderungsspezifische Diskriminierung bei der Zusprechung des Lebensrechtes gegenüber dem werdenden Menschen zu unterbleiben hat" (ebenda, 113). Für das Einräumen des Lebensrechts gilt lediglich die Voraussetzung, dass das menschliche Individuum frühestens in der 28. Schwangerschaftswoche geboren wird. Daraus folgert er:

> *Jedes* menschliche Individuum, das dieser Voraussetzung *nicht* genügt – ob behindert oder nicht – darf prinzipiell auf Wunsch seiner Eltern getötet werden; und *jedes* menschliche Individuum, dass dieser Voraussetzung genügt – ob behindert oder nicht –, darf prinzipiell selbst auf Wunsch seiner Eltern *nicht* getötet werden (ebenda 113).

Hoerster löst so die Frage des Lebensrechtes vom eventuellen Umstand einer Behinderung. Folgerichtig bejaht er denn auch die Zulässigkeit der PD. Er ist der Meinung, dass es eher heuchlerisch ist, wenn die Gesellschaft den Schwangerschaftsabbruch generell befürworten würde, hingegen die selektive Abtreibung im Falle einer diagnostizierten Behinderung ächten wolle (was sie ja faktisch in der grossen Mehrheit auch nicht tut). Genau darauf verweist Andrea Arz de Falco, wenn sie davon berichtet, dass insbesondere feministisch orientierte Frauen sich in einem Dilemma befinden, die einerseits die Abtreibung befürworten (bzw. gar für deren Legalisierung gekämpft haben) und andererseits sich Behindertenfeindlichkeit vorwerfen lassen müssen, wenn sie einen Abbruch der Schwangerschaft nach PD akzeptieren (Arz de Falco 1991, 84).

Thomas Schramme (2001) äussert sich ähnlich wie Hoerster. Er schätzt das Selbstbestimmungsrecht der Eltern höher ein als das dem Embryo zustehende Lebensrecht – dies unabhängig davon, ob dieser behindert ist oder nicht. Es könne hier nicht von einer Diskriminierung gesprochen werden. Anders verhält es sich, so Schramme, bei einem Schwangerschaftsabbruch nach dem Zeitpunkt, ab dem der Säugling ausserhalb des Körpers lebensfähig wäre: „Denn dann wird eindeutig mit zweierlei Mass gemessen und die Botschaft vermittelt, dass behinderte Kinder eine *besondere* Bürde seien" (Schramme 2001, 2). Diese rein auf den Zeitpunkt der Tötung des Fötus gestützte Unterscheidung kann man meines Erachtens aber nicht aufrechterhalten. Der Grund für einen Schwangerschaftsabbruch nach PD sollte in einer ethischen Betrachtung des Problems nicht ausser Acht gelassen werden – und dieser basiert auf dem Fakt einer diagnostizierten Behinderung. Und dieses

Faktum – so meine These – verweist auf die in der historischen Betrachtung deutlich zu Tage getretene, generelle Ablehnung von Behinderung.

Zu diesem Unterschied zwischen einer individualethischen Sicht einerseits und einer gesellschaftliche Betrachtungsweise andererseits hält Sigrid Graumann (2006) fest, dass persönliche und gesellschaftliche Dimensionen auf verschiedenen Ebenen liegen. So lautet denn auch ihr Fazit, dem ich mich – teilweise – anschliessen kann, folgendermassen:

> Ausserdem ist es auch falsch zu sagen, durch Pränataldiagnostik würde die Diskriminierung von behinderten Menschen entstehen. Richtig ist hingegen, dass die Praxis der Pränataldiagnostik und vor allem die Tatsache, dass sich die Pränataldiagnostik so schnell, so massiv und so selbstverständlich in der medizinischen Praxis etablieren konnte, Ausdruck einer gesellschaftlichen Geringschätzung von Menschen mit Behinderung ist und die Pränataldiagnostik umgekehrt auf die gesellschaftliche Wertschätzung von Menschen mit Behinderung zurückwirkt (Graumann 2006, 12).

Diese Textpassage ist die einzige, die ich gefunden habe, die das dialektische Verhältnis von Individuum und Gesellschaft thematisiert und – was ich noch bedeutungsvoller finde – die klar äussert, dass die PD als solche nicht eine neue behindertenfeindliche Technik ist, sondern, dass sie der Ausdruck einer gesellschaftlichen Grundstimmung ist, die schon immer bestanden hat.

6. Fazit

Aus den bisherigen Ausführungen ziehe ich folgendes Fazit. Die Frage, ob die PD die Achtung gegenüber Menschen mit einer schweren geistigen und mehrfachen Behinderung in besonderem Masse vermindert, muss verneint werden. Sie ist lediglich Ausdruck des seit langem bestehenden und kulturübergreifenden Wunsches, Behinderung nicht zu wollen. Keine Eltern wünschen sich Kind mit einer schweren geistigen und mehrfachen Behinderung. Praktisch alle Personen, die in Entscheidungsprozesse rund um pränatale Diagnostik involviert sind, sind der Meinung, dass es Behinderung – letztlich egal welcher Art – nicht geben soll. Die PD ist entsprechend die technologisch-effiziente Form, wie Menschen mit schwerer geistiger und mehrfacher Behinderung vermieden werden können.

Dies – und das ist ein ethisch bedeutsamer Punkt – bedeutet aber offenbar nicht, dass geborenen Menschen mit schwerer geistiger und mehrfacher Behinderung mehr benachteiligt werden als früher. Vielmehr geht es Menschen mit schwerer geistiger und mehrfacher Behinderung seit der Zeit nach dem Zweiten Weltkrieg besser denn je. Dies zeigt sich in Aspekten wie Förderung, Integration, Qualität der Institutionen, Ausbildungsstand des Personals, Fachwissen, Gesetze. Auch wenn man – wie unter Abschnitt 2.1 ausgeführt – diesen grossen Apparat an Institutionen und Berufsleuten auch als Form einer Ausgrenzung von schwer geistig und mehrfach behinderten Menschen ansehen kann, so ändert das nichts an der Tatsache, *dass* dieser Apparat mit grossem finanziellen Aufwand aufgebaut worden ist. Dies kann schwerlich als eine Form von Missachtung interpretiert werden. Und selbst wenn man mit guten philosophischen Gründen der Ansicht sein kann (so wie auch ich es bin), dass schwer geistig und mehrfach behinderten Menschen keine Personen sind, wird ihnen mit Achtung, Respekt und Anteilnahme begegnet – trotz der Existenz der PD. Wie kann man diesen Widerspruch – Behinderung wird klar abgelehnt, Behinderte hingegen begegnet man mit Respekt – verstehen? Persönlich denke ich, dass dieser Widerspruch Ausdruck der *conditio humana* ist, man muss ihn aushalten.

Ein wichtiger Effekt von PD verbunden mit einem Schwangerschaftsabbruch ist offenbar (vgl. auch mit Abschnitt 3.6.), dass diese die Unterscheidung von „Behinderung ist negativ" und „Behinderte werden respektiert" akzentuiert, weil der Entscheid gegen Behinderung in die pränatale Phase fällt – und damit auch (abgesehen von der Grauzone der Spätabtreibung) die Tötung behinderten Lebens zu einem „psychologisch günstigeren" Zeitpunkt stattfindet. Es ist in der Tat schwer vorstellbar, dass die heutige Gesellschaft eine umfassend durchgesetzte Kindstötung im Fall von Behinderung akzeptieren würde. Vielmehr ist es so: Wird ein schwer geistig und mehrfach behinderter Mensch geboren (schlüpft er also durch den PD-Selektionsmechanismus aufgrund eines bewussten Entscheids oder aber aufgrund eines Fehlers), wird er aufgenommen und in die Familie bzw. Gesellschaft mehr oder weniger integriert. Wenn man aber die Geburt eines schwer geistig und mehrfach behinderten Menschen verhindern kann, wird dies in der Regel auch getan. Niemand ist glücklich mit dieser Situation, aber so ist, könnte man sagen, das Leben. Die Existenz der PD bestätigt die ohnehin schon seit Menschengedenken bestehende Haltung, dass niemand sich ein behindertes Kind wünscht. So bin ich denn auch mit dem von Elisabeth Beck-Gernsheim gezogenen Fazit nicht einverstanden, wenn sie schreibt: „Eine neue Einstellung gegenüber menschlichem Leben bahnt sich an: Der Wert des Lebens wird relativ, und zwar relativ allein in Bezug auf sein genetisches Substrat (so z.B. bei der Pränatal- und insbesondere bei der Präimplantationsdiagnostik)" (Beck-Gernsheim 1991, 121). Diese schon einige Jahre alte Aussage wird insbesondere in heilpädagogischen Kreisen nach wie vor vertreten und hat geradezu eine Eigendynamik entwickelt, sodass ihr Inhalt nicht mehr kritisch hinterfragt wird. Die wenigen unter Abschnitt 2.2. präsentierten empirischen Studien zeigen jedenfalls, dass die Vorstellungen „Behinderung ist negativ" und „Behinderte werden respektiert" offenbar koexistieren können und Handlungen, die der ersten Vorstellung entsprechen (eben PD), nicht dazu führen, dass die zweite Vorstellung unterminiert wird.

Dass die Achtung schwer geistig und mehrfach behinderter Menschen durch Dritte mittels PD nicht tangiert wird, heisst nun aber nicht, dass sich diese Menschen selbst nicht missachtet fühlen. Dieser Punkt ist ein zentrales Argument, auf das sich beispielsweise Vertreter der Krüppelbewegung beziehen. Doch wie unter Abschnitt 5.2. ausgeführt, bedingt die Anwendung von Begriffen wie ‚Demütigung' und ‚Kränkung', dass sie sich auf Personen beziehen. Körperlich behinderte Menschen können sich in der Tat gekränkt fühlen, wenn das Vorliegen „ihrer" Behinderung bei Eltern, die PD beanspruchen, zur Abtreibung führt. Doch Menschen mit einer schweren geistigen und mehrfachen Behinderung sind von dieser Demütigung nicht betroffen, weil sie intellektuell nicht in der Lage sind, diese nachvollziehen zu können.

Gewiss kann der Begriff der ‚Diskriminierung' auch unabhängig vom Personenbegriff verwendet werden und man kann ihn rein in der Tatsache begründen, dass Föten mit gewissen Merkmalen abgetrieben werden. Doch was macht eine solche Diskriminierung moralisch verwerflich? Michael Woodruff schreibt dazu: „A pattern of discrimination is wrong when it makes membership in a group burdensome by unfairly reducing the respect in which the group is held" (1976, 158). Doch den lebenden Menschen mit z.B. Down-Syndrom wird heute, wie Wolfgang van den Daele (2005) eindrücklich beschreibt, durchaus Respekt entgegengebracht. Wie bereits mehrfach erwähnt, sind Menschen mit geistiger Behinderung noch nie in der Geschichte derart gefördert worden bzw. ist ein derart grosser und auch fundierter Apparat an materiellen und personellen Ressourcen aufgebaut worden, wie nach dem 2. Weltkrieg. Entsprechend ist schwer nachvollziehbar, warum eine Diskriminierung (im Sinn von Selektion) durch PD moralisch verwerflich sein soll.

Eine Frage ist nun aber noch offen: Hat der zweite durch PD induzierte Mechanismus, die massenhafte Verfügbarkeit eines „Selektionsinstrumentes" (vgl. mit Abschnitt 3.6.), einen Effekt auf die Achtung behinderter Menschen? Schlägt gewissermassen „Quantität" in „Qualität" um? Hans Jonas hat sich in diesem Sinne geäussert, indem er davon ausgeht, dass durch die Existenz der PD

> die Scheu vor Fötustötung weiter schwindet und diese sich als ideell ermutigte Gewohnheit in der Gesellschaft ausbreitet (mit emotioneller Erleichterung des Übergangs zum Infantizid): es hätte sich auch dem Ziele nach die furchtsame Verhütung grössten Übels in die übermütige Anstrebung grössten Gutes verkehrt... (Jonas 1990, 175).

Dieser Meinung bin ich in heilpädagogischen Kreisen mehrmals begegnet und ich habe sie selbst noch vor einiger Zeit geteilt. Bei tiefergehender Betrachtung halte ich das Argument von Jonas (das einem Dammbruch-Argument gleichkommt) für nicht schlüssig. Dies nicht nur deshalb, weil es keinerlei empirischen Belege dafür gibt, die einen Zusammenhang zwischen Nutzung der PD und schwindender Achtung gegenüber lebenden behinderten Menschen zeigt (das Gegenteil ist der Fall). Das wichtigere Gegenargument ist aber, dass „die Scheu vor Fötustötung" keineswegs weiter schwindet, denn das Motiv, behindertes Leben nicht zu wollen, ist historisch immer schon dagewesen. Diese „Gewohnheit" hat es schon immer gegeben. Und auch der Verweis auf den Infantizid ist historisch falsch – denn gerade dieser war das „Standardverfahren" und PD trägt vermutlich vielmehr dazu bei, die emotionelle Barriere zum Infantizid zu stärken, weil eben der Entscheid zum Abbruch behinderten Lebens in die pränatale Phase verschoben werden konnte.

Ein anderer Aspekt der massenhaften Verfügbarkeit von PD ist die Frage, inwieweit technologische Mittel eine eigene Dynamik induzieren, „die gewissermassen von aussen die ursprünglichen Zwecke relativiert und einschränkt" (Rohbeck 1993, 138). In unseren Fall würde das bedeuten, dass sich das Mittel der PD gegenüber dem eigentlichen Zweck verselbständigt und die PD zur Anwendung gelangt, weil es sie gibt und diese Existenz die alleinige Legitimation ihrer Anwendung ist. Rohbeck spricht in diesem Zusammenhang von Systemzwängen. Diese Zwänge könnten dazu führen, dass die Durchführung einer PD von schwangeren Frauen geradezu als ein Muss empfunden wird – und dies wird ja auch von einer Reihe von Frauen so empfunden. Ich denke aber nicht, dass dieser „Systemzwang" sich quasi vom Grundmotiv der PD „emanzipieren" kann. Mittel sind im Grunde nichts anderes als Teilzwecke (ebenda 197), man kann also das Verhältnis von Zweck und Mittel auch als ein interdependentes Verhältnis verstehen. Merkel schreibt dazu:

> Der Einschluss für notwendig gehaltener Mittel in die Absicht der Zweckerreichung bezeichnet insofern einen bestimmten (und trivialen) analytischen Zusammenhang: wer einen Zustand nicht einfach wünscht, sondern herbeizuführen [kursiv i. O.] beabsichtigt, beabsichtigt eben auch die Herbeiführung, also das Mittel (2001, 81).

Das bedeutet, dass die PD als Mittel vom Zweck der Verhinderung eines Kindes mit Behinderung nicht zu trennen ist. Und wie oben ausgeführt, hat das Motiv, ein Kind mit Behinderung zu verhindern, keinen Einfluss auch die Achtung lebender Menschen mit Behinderung.

Es bleibt die Frage nach den Auswirkungen des „gesellschaftlichen Drucks" auf die konkrete Entscheidungssituation. Dies ist in der Tat ein beachtenswerter Punkt – und ich denke, man sollte diesem mit Verweis auf folgende Tatsache begegnen. Sicherlich trägt PD dazu bei, dass weniger Menschen mit geistiger Behinderung (insbesondere Menschen mit Down-Syndrom) geboren werden. Doch PD ist Teil einer umfassenderen medizinischen Entwicklung, die faktisch dazu beiträgt, dass es mehr insbesondere schwer geistig und mehrfach behinderter Menschen gibt – weil die Möglichkeiten zur medizinischen Intervention bei Frühgeburten, Unfällen, Hirnschlägen etc. wachsen. Wie bereits ausgeführt, kann mittels PD faktisch nur ein kleiner Bruchteil der Zahl behinderter Menschen überhaupt beeinflusst werden. Mit anderen Worten: Die Gesellschaft erliegt einer Illusion, wenn sie denkt, PD könne den Wunsch einer „Welt ohne Behinderung" erfüllen. Das sollte insbesondere auch die Heil- und Sonderpädagogik zur Kenntnis nehmen. Ihre Plädoyers gegen PD sind weltfremd und zielen letztlich am Problem vorbei. Sie verschweigen auch das grundlegende Dilemma, mit der unsere Disziplin leben muss: Behinderungen sind nicht wünschbar, Behinderte aber schon. Wir als Heil- und Sonderpädagogen können an letzterem arbeiten, ohne den ersteren Wunsch zu verdammen.

Literatur

Amstad H. (2005): Schwangerschaftsultraschall: mehr Schaden als Nutzen? Bioethica Forum 46, S. 25.
Angehrn M., Baertschi B. (2004): Menschenwürde. Studia Philosophica 63, S. 34.
Anstötz C., Hegselmann C., Kliemt H. (Hrsg.) (1995): Peter Singer in Deutschland. Zur Gefährdung der Diskussionsfreiheit in der Wissenschaft. Frankfurt/M.
Antor G. (1991): Ethische Fragen in der pädagogischen Förderung schwerstbehinderter Menschen. In: Fröhlich A. (Hrsg.): Handbuch der Sonderpädagogik. Band 12: Pädagogik bei schwerster Behinderung. Berlin, S. 70–88.
Antor G., Bleidick U. (2000): Behindertenpädagogik als angewandte Ethik. Stuttgart.
— Dies. (2003): Zur Ethik der Behindertenpädagogik – Grundlagen und Anwendung. In: Leonhardt A., Wember F. (Hrsg.), a. a. O., S. 101–124.
Arz de Falco A. (1991): Pränatale Diagnostik. Qualitätskontrolle für das werdende Leben. Freiburg/Üe.
Bächtold A. (1981): Behinderte Jugendliche: Soziale Isolierung oder Partizipation? Bern.
Baumann-Hölzle R., Müri C., Christen M., Bögli B. (Hrsg.) (2004): Leben um jeden Preis? Entscheidungsfindung in der Intensivmedizin. Bern.
Beck-Gernsheim E. (1991): Technik, Markt und Moral. Über Reproduktionsmedizin und Gentechnologie. Frankfurt/M.
Binkert F., Mutter M., Schinzel A. (1991): Beeinflusst die vorgeburtliche Diagnostik die Häufigkeit von Neugeborenen mit Down-Syndrom? Informationsblatt der SGMG (Schweiz. Gesellschaft für Medizinische Genetik). Nr. 41, 1991/1.
Birnbacher D. (1995): Tun und Unterlassen. Stuttgart.
Birnbacher D. (2004): Menschenwürde – abwägbar oder unabwägbar? In: Kettner M. (Hrsg.), a. a. O., S. 251 ff.
Bonfranchi R. (1992): Ethik und Behinderung. Es geht um den „Singer in uns". In: Neue Zürcher Zeitung. 29. 2./1. 3. 1992. Nr. 50. S. 25 ff.
— Ders. (1996): Menschen mit Trisomie 21 sterben aus. In: Soziale Medizin, 38–39. Wiederveröffentlicht in: Schweizer Hebamme. 98/5, 1996/1, S. 9–10.
— Ders. (1997): Löst sich die Sonderpädagogik auf? Luzern.
— Ders. (Hrsg.) 2004: Zwischen allen Stühlen. Die Kontroverse zu Ethik und Behinderung. Erlangen (2. Aufl.).
— Ders. (2005): Gedanken über zukünftige Entwicklungen der Klientel in der Heil- und Sonderpädagogik. In: Zeitschrift für Heilpädagogik. Luzern 2005/10, S. 24 ff.

— Ders.: (2006a) Der Umgang mit geistig behinderten Kindern in Regelklassen. Eine volle Integration wird den Betroffenen meist nicht gerecht und scheitert oft. In: NZZ – Neue Zürcher Zeitung. Dienstag, 26. September 2006. Nr. 223, S. 69.
— Ders.: (2006b) Kinder im Wach-Koma. Eine neue Herausforderung für die Heilpädagogische Schule. In: Zeitschrift für Heilpädagogik. Luzern 2006/10, S. 20 ff.
— Ders.: (2007) Wie viel Technik will der Mensch? In: Zeitschrift für Heilpädagogik. Luzern, 2007/4, S. 44 ff.
Bonfranchi R., Mayer E., Rupp D. (2002): Visueller Eindruck – Geistige Behinderung – Gesellschaftliche Bedeutung. Eine empirische Studie über visuelle Ausdrucksdeutung im sonderpädagogischen Bereich. Oberhausen.
Brück M. (2000): „Eine Welt ohne Behinderte?" Eine Auseinandersetzung mit den Thesen Norbert Hoersters aus Sicht der Behindertenpädagogik. Unver. schriftl. Hausarbeit im Rahmen der Ersten Staatsprüfung für das Lehramt für Sonderpädagogik. Köln.
Büchner B., Kaminsik C. (Hrsg.) (2006): Lebensschutz oder kollektiver Selbstbetrug? 10 Jahre Neuregelung des § 218 (1995–2005). Bonn.
Bundesverband für spastisch Gelähmte und andere Körperbehinderte e. V. (1992): Eingriffe – Angriffe. Über die Bedrohung menschlichen Lebens durch medizintechnische und gesellschaftliche Entwicklungen. Beiträge zur Ethik-Debatte. Düsseldorf
Christoph F. (1990): Tödlicher Zeitgeist. Notwehr gegen Euthanasie. Köln.
Christoph F., Illiger H. (Hrsg.) (1993): Notwehr. Gegen die neue Euthanasie. Neumünster.
Christoph F., Mürner C. (1990): Der Gesundheits-Fetisch. Über Inhumanes in der Ökologiebewegung. Heidelberg.
Cloerkes G. (Hrsg.) (2003): Wie man behindert wird. Texte zur Konstruktion einer sozialen Rolle und zur Lebenssituation betroffener Menschen. Heidelberg.
Conrads B., Frühauf T. (2008): 50 Jahre Lebenshilfe in Deutschland. In: Geistige Behinderung. Schwerpunktheft: 50 Jahre Lebenshilfe – 50 Jahre Wissenschaft und Praxis für Menschen mit geistiger Behinderung in Deutschland. 2008/1, S. 4–25.
Daele, van den W. (2005): Vorgeburtliche Selektion: Ist die Pränataldiagnostik behindertenfeindlich? In: Daele, van den W. (Hrsg.): Biopolitik. Leviathan Sonderheft. Wiesbaden. 2005/23, S. 97–122.
Dank S. (1988): Individuelle Förderung Schwerstbehinderter. Dortmund (2. Aufl.).
Dederich M. (Hrsg.) (2003): Bioethik und Behinderung. Bad Heilbrunn.
Degener T., Köbsell S. (1992): Hauptsache es ist gesund? Hamburg.
Denger J. (1990): Plädoyer für das Leben mongoloider Kinder. Down-Syndrom und pränatale Diagnostik. Stuttgart.
Diedrich K. (2007): Dilemma später Schwangerschaftsabbruch. www.uni-protokolle.de/nachrichten/id/6020/ 23. 10. 2007.
Döring D. (2007): Erste Hilfe bei Kränkungen. Seelischen Verletzungen in der Familie aktiv begegnen. Steyr.
Duttge G. (2008): Regelungskonzepte zur Spätabtreibung im europäischen Vergleich: Ansätze zur Lösung des Schwangerschaftskonflikts? In: Wewetzer C., Wernstedt T. (Hrsg.), a. a. O., S. 86–121.
Düwell M. (2003): Utilitarismus und Bioethik: Das Beispiel von Peter Singers Praktischer Ethik. In: Düwell M., Steigleder K. (Hrsg.), a. a. O., S. 72–87.

Düwell M. (2003): Der moralische Status von Embryonen und Feten. In: Düwell M., Steigleder K. (Hrsg.), a. a. O., S. 221–229.
Düwell M., Steigleder K. (Hrsg.) (2003): Bioethik. Eine Einführung. Frankfurt/M.
Eberbach W. (2005): Spätabbruch der Schwangerschaft – Juristische Aspekte. In: Römelt J. (Hrsg.), a. a. O., S. 15 ff.
Eggli C. (1991): Zwischen Abfall und Avantgarde. In: Puls – Drucksache aus der Behindertenbewegung. 1991/5, S. 41 ff.
Eid V. (1985): Euthanasie oder Soll man auf Verlangen töten? Mainz 2. Aufl.
Elias N. (1976): Über den Prozess der Zivilisation – Soziogenetische und psychogenetische Untersuchungen. Erster Band: Wandlungen des Verhaltens in den weltlichen Oberschichten. Frankfurt/M.
Ellger-Rüttgardt S. (2008): Geschichte der Sonderpädagogik. München.
Evers M. (2008): Verbotene Gene. Haben Gehörlose ein Recht auf gehörlose Designerbabys? In: DER SPIEGEL, 18/2008, S. 154.
Feuser G. (1995): Behinderte Kinder und Jugendliche. Zwischen Integration und Aussonderung. Darmstadt.
Friedländer H. (1997): Der Weg zum NS-Genozid. Von der Euthanasie zur Endlösung. Berlin.
Fröhlich A. (1986): Die Mütter schwerstbehinderter Kinder. Heidelberg.
Fröhlich A. (Hrsg.) (1991): Handbuch der Sonderpädagogik. Band 12: Pädagogik bei schwerster Behinderung. Berlin.
Fröhlich A., Haupt U. (1983): Förderdiagnostik mit schwerstbehinderten Kindern. Dortmund.
Gosepath S. (2004): Gleiche Gerechtigkeit. Grundlagen eines liberalen Egalitarismus. Frankfurt/M.
Graumann S., Grüber K., Nicklas-Faust J., Schmidt S., Wagner-Kern M. (Hrsg.) (2004): Ethik und Behinderung. Ein Perspektivenwechsel. Frankfurt/M.
Graumann S. (2006): Pränataldiagnostik – Zwischen persönlicher Betroffenheit und politischer Dimension. In: Rundbrief 19: Netzwerk gegen Selektion durch Pränataldiagnostik. Dokumentation der Netzwerktagung 2006. c/o Bundesverband für Körper- und Mehrfachbehinderte e. V. Düsseldorf.
Gröschke D. (1993): Praktische Ethik und Heilpädagogik. Individual- und sozialethische Reflexionen zu Grundfragen der Behindertenhilfe. Bad Heilbrunn.
Gröschke D. (2003): Behinderung als ‚Leiden?' – Biopolitik der Behinderung zwischen einer Ethik des Heilens und einem Ethos des Imperfekten. In: Dederich, M. (Hrsg.), a. a. O., S. 167–192.
Grundwald A. (2006): Technikethik. In: Düwell M., Hübenthal C., Werner H. M. (Hrsg.) (2006): Handbuch Ethik. Stuttgart 2. Auflage.
Haker H. (2002): Ethik der genetischen Frühdiagnostik. Paderborn.
Handwerker M. (2007): Heilpädagogik und Bioethik im Lichte der Person. Würzburg.
Hare R. M.: Das missgebildete Kind. Moralische Dilemmata für Ärzte und Eltern. In: Leist A. (Hrsg.), a. a. O., S. 374–383.
Harris J. (1990): Ethische Probleme beim Behandeln einiger schwergeschädigter Kinder. In: Leist A (Hrsg.), a. a. O., S. 349–359.

Hetzel M. (2007): Provokation des Ethischen. Diskurse über Behinderung und ihre Kritik. Heidelberg.
Hiersche H.-D., Hirsch G., Graf-Baumann T. (1986): Grenzen ärztlicher Behandlungspflicht bei schwerstgeschädigten Neugeborenen. Berlin.
Hoerster N. (1995): Neugeborene und das Recht auf Leben. Frankfurt/M.
Hösle V. (1992): Praktische Philosophie in der modernen Welt. München.
Hülsmann C. (1992): Produktion und Reduktion von Mehrlingen. Aspekte einer Folgeerscheinung medizinisch unterstützter Fortpflanzung aus strafrechtlicher und rechtspolitischer Perspektive. Stuttgart.
Hürlimann D. C., Baumann-Hölzle R., Müller H. (Hrsg.) (2008): Der Beratungsprozess in der Pränatalen Diagnostik. Bern.
Irblich D. & Stahl B. (Hrsg.) (2003): Menschen mit geistiger Behinderung. Göttingen.
Jaquier M., Klein A., Boltshauser E. (2006): Spontaneous pregnancy outcome after prenatal diagnosis of anencephaly. In: International Journal of Obstetrics. and Gynaecology. 4.7.2006.
Hülsmann C. (1992): Produktion und Reduktion von Mehrlingen. Aspekte einer Folgeerscheinung medizinisch unterstützter Fortpflanzung aus strafrechtlicher und rechtspolitischer Perspektive. Stuttgart.
Jonas H. (1990): Technik, Medizin und Ethik. Zur Praxis des Prinzips Verantwortung. Frankfurt/M. 1990. (3. Aufl.).
Jonas M. (1990): Behinderte Kinder – behinderte Mütter. Die Unzumutbarkeit einer sozial arrangierten Abhängigkeit. Frankfurt/M.
Kähler C. (2005): Schwangerschaftsabbruch aus medizinischer Indikation – medizinischdiagnostische Aspekte und Praxis an der Universitätsfrauenklinik Jena. In: Römelt J. (Hrsg.), a.a.O., S. 8ff.
Kamillo Eisner-Stiftung (1985): Verhütung angeborener Schäden des Zentralnervensystems. Symposium über medizinische, psychosoziale und gesundheitspolitische Aspekte. Bern.
Kemp P. (1992): Das Unersetzliche. Eine Technologie-Ethik. Berlin.
Kettner M. (Hrsg.) (2004): Biomedizin und Menschenwürde. Frankfurt/M.
Kind C. et al. (1993): Behindertes Leben oder verhindertes Leben. Pränatale Diagnostik als Herausforderung. Bern.
Klee E. (1980): Behindert. Ein kritisches Handbuch. Frankfurt/M., (3. Aufl.).
Kobi E. (1975): Grundfragen der Heilpädagogik und der Heilerziehung. Bern.
Körner U. (Hrsg.) (1992): Ethik der menschlichen Fortpflanzung. Ethische, soziale, medizinische und rechtliche Probleme in Familienplanung, Schwangerschaftskonflikt und Reproduktionsmedizin. Stuttgart.
Krones T. (2005): Pränatal-/Präimplantationsdiagnostik. Einstellung gegenüber Menschen mit Behinderungen. Referat gehalten an der Satellitentagung Medizinethik und Behinderung. Witten 28.–29.9.2005.
— Dies. (2008): Invasive Pränataldiagnostik und Spätabbrüche: Bioethische Diskussionen und lebensweltliche Ansichten. In: Wewetzer C., Wernstedt T. (Hrsg.), a.a.O., S. 137–171.
Kuhlmann A. (1996): Abtreibung und Selbstbestimmung. Die Intervention der Medizin. Frankfurt/M.

— Ders. (2002): Die Gesundbeter. Warnung vor den Warnern: Die Feinde der Medizin treten an. In: Nida-Rümelin J., a.a.O., S. 449ff.
Kuhse H., Singer P. (1993): Muss dieses Kind am Leben bleiben?. Das Problem schwergeschädigter Neugeborener. Erlangen.
Leist A. (2004): Dimensionen einer Ethik der Behindertenpädagogik. In: Bonfranchi R. (Hrsg.). a.a.O., (2. Aufl.), S. 15–42.
— Ders. (Hrsg.) (1990): Um Leben und Tod. Moralische Probleme bei Abtreibung, künstlicher Befruchtung, Euthanasie und Selbstmord. Frankfurt/M.
— Ders. (2007): Vorgeburtliche Beziehungen, der Embryo und die Ethik der Elternschaft. Eine Debatte zwischen Anton Leist und Claudia Wiesemann. In: Zeitschrift für Evangelische Ethik. 51. Jg. Gütersloher Verlagshaus. S. 50–57.
Lenhard W. (2005): „Sterben Menschen mit Down-Syndrom aus?" Die Auswirkungen der Pränataldiagnostik auf die Anzahl von Kindern mit Behinderung. In: Heilpädagogische Forschung 29/4, 165–176.
— Ders. (2005): Der Einfluss pränataler Diagnostik und selektiven Fetozids auf die Inzidenz von Menschen mit angeborener Behinderung. In: Leben mit Down-Syndrom, Nr. 49, Mai 2005, S. 10ff.
Lenk H. (1971): Philosophie im technologischen Zeitalter. Stuttgart 1971 (2. Aufl.).
Leonhardt A., Wember F. (Hrsg.) (2003): Grundfragen der Sonderpädagogik. Weinheim.
Lohmann G. (2004): Unantastbare Menschenwürde und unverfügbare menschliche Natur. In: Angehrn E., Baertschi B., a.a.O., S. 55–76.
Lutteroni N. v. (2008): Wenn Kinder schon im Mutterleib operiert werden müssen. Die Fötalchirurgie als Ultima Ratio bei lebensbedrohlichen Krankheiten. In: Neue Zürcher Zeitung. Internationale Ausgabe. Forschung und Technik. Mittwoch, 20. Februar 2008, Nr. 42, S. 29.
Mackie, J.L. (1983): Ethik. Die Erfindung des moralisch Richtigen und Falschen. Stuttgart.
Mäder C. (1992): Akzeptanz reproduktionstechnologischer Verfahren in der Schweiz. Ergebnisse einer repräsentativen Bevölkerungsbefragung. Forschungsbericht Nr. 3, Soziologisches Seminar der Hochschule St. Gallen. Juni 1992.
Mattisseck-Neef M. (2006): Schwangerschaftsabbrüche kranker/geschädigter Föten und Neugeboreneneuthanasie. Frankfurt/M.
Merkel R. (2001): Rechte für Embryonen? Die Menschenwürde lässt sich nicht allein auf die biologische Zugehörigkeit zur Menschheit gründen. Eine Antwort auf Robert Spaemann und ein Vorschlag wider das Geläufige. In: DIE ZEIT. 05/2001.
— Ders. (2001): Früheuthanasie. Rechtsethische und strafrechtliche Grundlagen ärztlicher Entscheidungen über Leben und Tod in der Neonatalmedizin. Baden-Baden.
Meyer, H. (1983): Geistigbehindertenpädagogik. In: Solarova, S., a.a.O.
Müller, B. (2001): Rechtliche und gesellschaftliche Stellung von Menschen mit einer „geistigen Behinderung". Eine rechtshistorische Studie der Schweizer Verhältnisse im 19. und 20. Jahrhundert. Zürcher Studien zur Rechtsgeschichte. Zürich.
Mürner C., Schriber S. (Hrsg.) (1993): Selbstkritik der Sonderpädagogik. Stellvertretung und Selbstbestimmung. Luzern.
Nationaler Ethikrat (2003): Genetische Diagnostik vor und während der Schwangerschaft. Stellungnahme. Vorsitz: Prof. Dr. Dr. h.c. Simitis. Berlin.

Neuer-Miebach T., Tarneden R. (1994): Vom Recht auf Anders-Sein. Düsseldorf.
Nida-Rümelin J. (2002): Ethische Essays. Frankfurt/M.
Niedecken D. (1989): Namenlos. München.
Oduncu F. S. (2003): Moralischer Status von Embryonen. In: Düwell M., Steigleder K. (Hrsg.), a. a. O., S. 213–220.
Oe K. (1994): Eine persönliche Erfahrung. Roman. Frankfurt/M. (2. Aufl.).
Pestalozzi J. H.: Über Gesetzgebung und Kindermord. Werke Bd. 2. Zur Menschenbildung und Gesellschaftsentwicklung. München, o. J.
Pfeffer W. (1988): Förderung schwer geistig Behinderter. Eine Grundlegung. Würzburg.
Platon (1973): Der Staat. Stuttgart.
Porz R., Scully J. L., Rehmann-Sutter C. (2005): Für *sie* ein Bild, für *mich* ein Test. Ultraschall, Symbolik und ethische Implikationen. In: Bioethica Forum Nr. 46. September 2005.
Reif M. (1990): Frühe Pränataldiagnostik und genetische Beratung. Stuttgart.
Rehbock T. (2005): Personsein in Grenzsituationen. Zur Kritik der Ethik medizinischen Handelns. Paderborn.
Riegel K., Ohrt B., Wolke D., Oesterlund K. (1995): Die Entwicklung gefährdet geborener Kinder bis zum fünften Lebensjahr. Die Arvo Ylppo-Neugeborenen-Nachfolgestudie in Südbayern und Südfinnland. Stuttgart.
Robheck J. (1993): Technologische Urteilskraft. Zu einer Ethik technischen Handelns. Frankfurt/M.
Römelt J. (Hrsg.) (2005): Spätabbrüche der Schwangerschaft. Überlegungen zu einer umstrittenen Praxis. Leipzig.
— Ders. (2005): Spätabbruch nach pränataler Diagnostik – ein ethisches Dilemma? In: Römelt J. (Hrsg.): a. a. O., S. 27 ff.
Rommelspacher B. (Hrsg.) (1999): Behinderten-feindlichkeit. Ausgrenzungen und Vereinnahmungen. Göttingen.
Schaber P. (2004): Menschenwürde und Selbstachtung. In: Angehrn E. & Baertschi B., a. a. O., S. 93–106.
— Ders. (2010): Instrumentalisierung und Würde. Paderborn.
Schramme T. (2001): Behinderung und Leid. Keine reine Frage der medizinischen Verfassung. In: Frankfurter Rundschau 4. 12. 2001.
— Ders. (2002): Bioethik. Frankfurt/M.
Schütze J. (2009): „Ich kann mein totes Kind nicht vergessen." In: GlücksPost, 16. 4. 2009, S. 21.
Schweizerische Gesellschaft für das Recht auf Abtreibung und Verhütung – SGRA (1995): Schwangerschaftsabbruch in der Schweiz. Gesetz, Anwendung und Prävention. Bern (2. Aufl.).
Sierck U. (1992): Das Risiko nichtbehinderte Eltern zu bekommen. Kritik aus der Sicht eines Behinderten. München (2. Aufl.).
Singer P. (1994): Praktische Ethik. Stuttgart (2. Aufl.).
— Ders. (1998): Leben und Tod. Der Zusammenbruch der traditionellen Ethik. Erlangen.
Solarova S. (1983): Geschichte der Sonderpädagogik. Stuttgart.
Speck O. (2005): Soll der Mensch biotechnisch machbar werden? Eugenik, Behinderung und Pädagogik. München.

Spieker M. (2005): Das Grauen der Spätabtreibung. Der Rechtsstaat darf nicht kapitulieren. In: Politische Meinung 423, 2005/2, S. 66–74ff.

Spielmann J. (2005): Kinder, die es nicht geben darf. Selektive Abtreibung und reproduktive Freiheit. Unver. Dipl.arbeit im Rahmen des Studienganges ‚Master of Advanced Studies in Applied Ethics' an der Universität Zürich (Ethik-Zentrum) 2003–2005.

Stoecker R. (2004): Selbstachtung und Menschenwürde. In: Angehrn E. & Baertschi B.: a.a.O., S. 107–120.

Stoller C. (1996): Eine unvollkommene Schwangerschaft. Zürich.

Swientek C. (1998): Was bringt die pränatale Diagnostik. Freiburg i.Br.

Tercanli S. (2005): Schwangerschaftsultraschall im 1. und 2. Trimenon. In: Bioethica Forum Nr. 46. September 2005.

Tiedemann P. (2006): Was ist Menschenwürde. Eine Einführung. Darmstadt.

Thomson J. (1990): Eine Verteidigung der Abtreibung. In: Leist A. (Hrsg.): Um Leben und Tod. Moralische Probleme bei Abtreibung, künstlicher Befruchtung, Euthanasie und Selbstmord. Frankfurt/M., S. 76–107.

Verein Ganzheitliche Beratung und kritische Information zu pränataler Diagnostik (1995): Das Risiko Leben. Herausforderung vorgeburtliche Untersuchungen. Zürich.

Volz S. (2003): Diskriminierung von Menschen mit Behinderung im Kontext von Präimplantations- und Pränataldiagnostik. In: Behinderte in Familie, Schule und Gesellschaft. 2003/2, S. 30–40.

Weingärtner C. (2006): Schwer geistig behindert und selbstbestimmt. Eine Orientierung für die Praxis. Freiburg i.Br. 2006.

Wewetzer C., Wernstedt T. (Hrsg.) (2008): Spätabbruch der Schwangerschaft. Praktische, ethische und rechtliche Aspekte eines moralischen Konflikts. Frankfurt/M.

Wiesemann C. (2006): Von der Verantwortung, ein Kind zu bekommen. Eine Ethik der Elternschaft. München.

Wiesemann C., Biller-Andorno N. (2005): Medizinethik. Für die neue AO. Stuttgart.

Wieser B. (2006): Inescapable Decisions. Implications of New Developments in Prenatal Testing Science. In: Technology & Innovation Studies Vol. 2, March 2006, S. 41–55.

Wilken E. (2002): Pränatale Diagnostik und Häufigkeit des Down-Syndroms. In: Frühförderung interdisziplinär. 2002/21, S. 157–162.

Wisser J. (1998): Voraussetzungen für die vorgeburtliche Kindstötung aus der Sicht des Pränatalmediziners. In: Schmid-Tannwald I. (Hrsg.): Gestern „lebensunwert" – heute „unzumutbar". Wiederholt sich die Geschichte doch? München, S. 97–105.

Woodruff. P. (1976): What's wrong with Discrimination? In: Analysis, vol. 36. Nr. 3, 1976/3. pp. 158–160.

Wüllenweber E. (Hrsg.) (2004): Soziale Probleme von Menschen mit geistiger Behinderung. Fremdbestimmung, Benachteiligung, Ausgrenzung und soziale Abwertung. Stuttgart.

Wuketits F.M. (2006): Bioethik. Eine kritische Einführung. München.

Young I.M. (2002): Fünf Formen der Unterdrückung. In: Horn C. & Scarano N. (Hrsg.): Philosophie der Gerechtigkeit. Frankfurt/M., S. 428–445.

Anhang

Zum Autor

Dr. Riccardo Bonfranchi (1950*) war bis Sommer 2010 Schulleiter der Heilpädagogischen Schule Zürich (HPS) und Bereichsleiter in der RGZ-Stiftung, Zürich. In dieser Eigenschaft konzipierte und gründete er auch eine Tagesförder-Stätte für schwer- und mehrfachbehinderte junge Erwachsene, die 2005 eröffnet wurde.

Nach seiner Ausbildung zum Sportlehrer an der Deutschen Sporthochschule in Köln studierte Riccardo Bonfranchi Sonderpädagogik und schloss zum einen mit dem Staatsexamen für das Lehramt an Sonderschulen sowie dem Lizentiat in Sonderpädagogik ab. Danach wurde er Assistent an der Heilpädagogischen Fakultät an der Universität Köln. 1983 doktorierte er in Köln in Sonderpädagogik. Von 1984 bis 1990 arbeitete er als Rektor des Werkjahres Basel-Landschaft. Von 1990 bis 2001 war er Dozent für Heilpädagogik und Psychologie an der Höheren Fachschule in Bern und in dieser Funktion von 1996 bis 2001 auch Ausbildungsleiter der Ausbildung „Lehrer für Geistigbehinderte".

2009 schloss er den Master of Advanced Studies in Applied Ethics an der Universität Zürich ab. Riccardo Bonfranchi veröffentlichte gegen 250 Fachaufsätze und 10 Bücher in den Gebieten Sport- und Heilpädagogik. Er ist Vater von 3 erwachsenen Kindern und Bürger von Tenero-Contra (TI). Seit August 2010 ist er freiberuflich im Bereich der Heil- und Sozialpädagogik tätig: www.bonfranchi.info.

Gedankt werden soll an dieser Stelle auch der Schweizerischen Zentralstelle für Heilpädagogik für ihre freundliche Genehmigung die folgenden drei Beiträge abdrucken zu dürfen. Sie sind alle in der Schweizerischen Zeitschrift für Heilpädagogik erschienen:

− Beachamp & Childress: Ein für die Sozialpädagogik noch nicht entdeckter ethischer Ansatz. Erschienen: 9/2010
− Moral-Entwicklung und geistige Behinderung. Erschienen: 3/2006 (in Zusammenarbeit mit Frau Karin Jucker)
− Warum tut sich unsere Gesellschaft so schwer, Menschen mit einer geistigen Behinderung zu integrieren. Erschienen: 2008/5.

Interdisziplinärer Dialog -
Ethik im Gesundheitswesen

In der modernen Medizin und Pflege nimmt der Wissenszuwachs über den Menschen rasant zu, was zu neuen Handlungsmöglichkeiten führt. Moralische Fragen werden dabei auf der individuellen und sozialen Ebene aufgeworfen: Welche der zur Verfügung stehenden Handlungsmöglichkeiten ist die einem Menschen angemessene? Wie weit soll der medizin-technische Fortschritt gehen, und wie lässt er sich von der Gesellschaft finanzieren und fair verteilen? Antworten auf diese den Menschen und die Gesellschaft in ihrem moralischen Kern betreffenden Fragen zu suchen, ist eine grosse ethische Herausforderung im Kontext einer pluralistischen Gesellschaft. Auf diesem Hintergrund ist der interdisziplinäre Dialog aller Betroffenen heute besonders dringlich. Er ist Voraussetzung für verantwortliches Handeln in Medizin und Pflege.

Die Buchreihe *Interdisziplinärer Dialog – Ethik im Gesundheitswesen* soll zu diesem Dialog einen aktiven Beitrag leisten. Publiziert werden Kongressberichte, Tagungsbände, Dissertationen, Festschriften etc., welche sich interdisziplinär mit moralischen Problemen und Fragestellungen des Gesundheitswesens auseinandersetzen. Ausserdem bietet die Reihe Platz für konkrete Handlungsvorschläge zu einzelnen Krankheitsbildern und verschiedenen Problemfeldern des Gesundheitswesens. Theorie und Praxis sollen gleichgewichtig zu Wort kommen. Es werden Manuskripte in deutscher, französischer und englischer Sprache aufgenommen.

Herausgegeben und wissenschaftlich verantwortet wird die Buchreihe vom *Interdisziplinären Institut für Ethik im Gesundheitswesen*, DIALOG ETHIK, das von Dr. theol. Ruth Baumann-Hölzle geleitet wird.

DIALOG ETHIK
Das Interdisziplinäre Institut für Ethik im Gesundheitswesen stellt sich vor.

Angesichts des medizin-technischen Fortschritts kommt es im Gesundheitswesen zunehmend zu ethischen Dilemmasituationen. Die Auseinandersetzung mit diesen Situationen ist dringlich und bedarf der interdisziplinären Bearbeitung. Auf dem Hintergrund dieser Problematik wurde 1999 das Institut DIALOG ETHIK gegründet, das jetzt von der Stiftung Dialog Ethik getragen und vom Förderverein Dialog Ethik unterstützt wird. Das interdisziplinär zusammengesetzte Institutsteam arbeitet an einer Kultur bewussten, ethischen Urteilsbildung, indem die persönlichen Kompetenzen der Handelnden, der interdisziplinäre Austausch im Gesundheitswesen und der öffentliche Diskurs zu den ethischen Fragen rund um Gesundheit und Krankheit gefördert, unterstützt und begleitet werden. Hierfür macht das Institut verschiedenste Angebote.

DIALOG ETHIK
Interdisziplinäres Institut für Ethik im Gesundheitswesen
Schaffhauserstrasse 418
8050 Zürich
Tel. 044 252 42 01
Fax 044 252 42 13
Internet: www.dialog-ethik.ch; E-Mail: info@dialog-ethik.ch

Interdisziplinärer Dialog - Ethik im Gesundheitswesen

Verzeichnis der bisher erschienenen Bände:

Band 1: Ethik-Forum des Universitäts-Spitals Zürich (USZ) (Hrsg.)
Medizin, religiöse Erfahrung und Ethik
Leben – Leiden – Sterben
2. überarbeitete Auflage. ISBN 978-3-03911-491-7. 2000, 2007.

Band 2: Ruth Baumann-Hölzle
Moderne Medizin – Chance und Bedrohung:
Eine Medizinethik entlang dem Lebensbogen
2. Auflage. ISBN 978-3-03911-492-4. 2001, 2007.

Band 3: Medizin-ethischer Arbeitskreis Neonatologie
des Universitätsspitals Zürich
An der Schwelle zum eigenen Leben:
Lebensentscheide am Lebensanfang bei zu früh geborenen,
kranken und behinderten Kindern in der Neonatologie
ISBN 3-03910-120-X. 2002; 2. Auflage: 2003.

Band 4: Ruth Baumann-Hölzle, Corinne Müri, Markus Christen
& Boris Bögli (Hrsg.)
Leben um jeden Preis?
Entscheidungsfindung in der Intensivmedizin
ISBN 3-03910-380-6. 2004.

Band 5: Max Baumann
Recht → Ethik → Medizin
Eine Einführung ins juristische Denken –
nicht nur für Ethiker und Mediziner
ISBN 3-03910-629-5. 2005.

Band 6: Christoph Rehmann-Sutter, Alberto Bondolfi, Johannes Fischer &
Margrit Leuthold (Hrsg.)
Beihilfe zum Suizid in der Schweiz
Beiträge aus Ethik, Recht und Medizin
ISBN 3-03910-838-7. 2006.

Band 7: Frank Haldemann, Hugues Poltier & Simone Romagnoli
(éds/Hrsg./cur.)
La bioéthique au carrefour des disciplines. Hommage à Alberto
Bondolfi à l'occasion de son 60e anniversaire / Bioethik im
Spannungsfeld der Disziplinen. Festschrift für Alberto Bondolfi zu
seinem 60. Geburtstag / La bioetica crocevia delle discipline.
Omaggio ad Alberto Bondolfi in occasione del suo 60° compleanno.
ISBN 3-03910-841-7. 2006.

Band 8: Denise C. Hürlimann, Ruth Baumann-Hölzle &
Hansjakob Müller (Hrsg.)
Der Beratungsprozess in der Pränatalen Diagnostik
ISBN 978-3-03911-699-7. 2008.

Band 9: Markus Christen, Corinna Osman & Ruth Baumann-Hölzle (Hrsg.)
Herausforderung Demenz
Spannungsfelder und Dilemmata in der Betreuung
demenzkranker Menschen
ISBN 978-3-0343-0379-8. 2010.

Band 10: Lea Siegmann-Würth
Ethik in der Palliative Care
Theologische und medizinische Erkundungen
ISBN 978-3-0343-0346-0. 2011.

Band 11: Riccardo Bonfranchi
Ethische Handlungsfelder der Heilpädagogik
Integration und Separation von Menschen mit geistigen Behinderungen
ISBN 978-3-0343-0650-8. 2011.

Wie publiziere ich in der Reihe „Interdisziplinärer Dialog – Ethik im Gesundheitswesen"?

Wir veröffentlichen Ihren Text, der sich interdisziplinär mit ethischen Fragestellungen des Gesundheitswesens auseinandersetzt. Ihr Text wird von Fachlektoren begutachtet und im gemeinsamen Dialog publikationsfertig gemacht. Wir unterstützen Autoren auch bei der Suche nach Geldgebern zur Deckung der Kosten für Lektorat und Druck.

Senden Sie Ihr Manuskript an: mchristen@dialog-ethik.ch. Wir prüfen Ihr Manuskript unverbindlich, ob es sich für die Reihe eignet und unterbreiten Ihnen dann ein Angebot für Lektorat und Druck.

Lea Siegmann-Würth

Ethik in der Palliative Care
Theologische und medizinische Erkundungen

Bern, Berlin, Bruxelles, Frankfurt am Main, New York, Oxford, Wien, 2010. 197 S.
Interdisziplinärer Dialog – Ethik im Gesundheitswesen. Bd. 10
Herausgegeben von Dialog Ethik, Interdisziplinäres Institut für Ethik im Gesundheitswesen
ISBN 978-3-0343-0346-0 · br.
CHF 58.– / €^{D} 40.– / €^{A} 41.10 / € 37.40 / £ 33.70 / US-$ 57.95

€^{D} inkl. MWSt. – gültig für Deutschland · €^{A} inkl. MWSt. – gültig für Österreich

P*alliative Care* ist eine Antwort auf grundlegende Fragen der modernen Medizin: Wie weit wollen, sollen oder müssen wir Leben erhalten, verlängern und verbessern, wenn es von unheilbarer Krankheit, Alter oder Sterben begrenzt wird? Was wird für ein der menschlichen Würde und Freiheit gerecht werdendes Leben und Sterben gefordert? Ist alles medizinisch Machbare zu tun, oder widerspricht dies persönlichen und gesellschaftlichen Vorstellungen von einem guten Leben und Sterben? Und dort, wo die heutige Medizin an ihre Grenzen stösst, wie gehen wir mit dem Leiden und Sterben um? Welche Bedürfnisse stehen in diesen Situationen im Vordergrund? Wie kann ihnen für möglichst alle entsprochen werden? Was ist wesentlich in der Beziehung, in Haltung und Verhalten zueinander zwischen jenen, die unheilbar krank sind, die gehen müssen, vielleicht wollen, und jenen, die sie in dieser Situation betreuen und begleiten? Das Buch «Ethik in der Palliative Care» gibt Antworten auf diese Fragen, indem es umfassend die historischen, medizinischen, ethischen und theologischen Hintergründe von *Palliative Care* beschreibt und ihren Stellenwert im Schweizer Gesundheitssystem dokumentiert.

LEA SIEGMANN-WÜRTH, Dr. med., MTh, studierte Humanmedizin an den Universitäten Fribourg und Zürich (Staatsexamen 1988) und arbeitete während 15 Jahren in Kliniken und im Labor. 2002 bis 2008 studierte sie an der Universität Luzern Theologie und Ethik. Seit 2008 arbeitet sie als Theologin in der Pfarrei- und Heimseelsorge in Wittenbach SG sowie im Kantonsspital in St. Gallen.

BERN · BERLIN · BRUXELLES · FRANKFURT AM MAIN · NEW YORK · OXFORD · WIEN